W01173384

Gebrauchsanweisung
für Barcelona

Merten Worthmann

**Gebrauchsanweisung
für Barcelona**

Piper München Zürich

ISBN 978-3-492-27546-0
2. Auflage 2007
© Piper Verlag GmbH, München 2006
Gesamtherstellung: Clausen & Bosse, Leck
Printed in Germany

www.piper.de

Inhalt

Die empfindliche Hauptstadt

Sie haben sich mit dem Kauf dieses Buches verdächtig gemacht. Auch Sie sind ein Tourist, stimmt's? Sie fallen irgendwann in Barcelona ein (oder sind womöglich schon da), Sie beanspruchen die Altstadt, betreten bedeutende Baudenkmäler, entblößen sich am Strand. Sie kurbeln kurz das Geschäft an und machen sich anschließend wieder aus dem Staub, nicht wahr? O.k., das möchte Ihnen niemand wirklich übelnehmen. Aber Sie sollten wissen, daß Sie unter Beobachtung stehen. Während Sie unbeschwert unterwegs sind, zerbrechen sich die Barceloneser den Kopf über Sie. Der offensichtliche Erfolg ihrer Stadt hat die Einwohner nachdenklich gemacht. Sie sind stolz auf den Zuspruch. Aber manchmal kommt er ihnen schon fast unheimlich vor. Dann legen sie öffentlich die Stirn in Falten und fordern zum Beispiel eine »Ethik des Tourismus«, in der Rechte und

Pflichten aller Besucher festgehalten werden. Andere beklagen, ganz pragmatisch, Schwierigkeiten beim Schuhekaufen, weil die gewohnten Läden der Altstadt angeblich nur noch Modelle in Touristengrößen anbieten. Es finden Tagungen zum Thema statt, auf denen Touristen als »friedliche Invasoren« bezeichnet werden. Und in der Ankunftshalle des Flughafens hängt ein riesiges Plakat mit der Mahnung: »Verlassen Sie die Stadt bitte so, wie Sie sie vorzufinden wünschen«.

Gut, dieses letzte Beispiel habe ich mir eben ausgedacht. Aber es trifft im Grunde die Mischung aus zarter Sorge und gutem Willen, mit der man dem Touristen entgegensieht. Mit gewissem Argwohn fragt man sich vor allem, ob der Besucher auch, wie es sich gehört, Barcelona und Spanien ordentlich auseinanderhalten kann. Wer Barcelona etwa für die zweitgrößte Stadt des Landes hält, liegt ganz falsch. Barcelona ist die größte Stadt des Landes; sie ist sogar dessen Hauptstadt. Das Land, um uns gleich richtig zu verstehen, heißt natürlich Katalonien. Es gehört zu Spanien wie eine Art Bundesland. Aber mit diesem Status sind die Katalanen selbst traditionell unzufrieden. Sie heben lieber hervor, was sie von den übrigen Spaniern trennt, als Gemeinsamkeiten zu betonen. Diese Liebe zum sogenannten *fet diferencial*, dem entscheidenden Unterschied, würden sie gern mit den Touristen teilen. Die sind doch nicht zufällig nach Katalonien gekommen, sondern ganz bewußt – oder? Insofern schmerzt Barceloneser zum Beispiel das noch immer weitverbreitete Mißverständnis, ihre Stadt sei, wie ganz Spanien, Paella- und Tapas-Territorium.

Selbstverständlich gibt es genug Restaurants und Bars, die dieses Vorurteil nach Kräften bedienen. Aber die katalanische Küche sieht eben etwas anders aus. Noch sensibler ist das Thema Sprache. Denn das Katalanische ist lange unterdrückt worden und braucht heute viel Hilfe, um sich einigermaßen auf den Beinen zu halten. Wer diese Schwäche nicht ernst nimmt und einfach der Bequemlichkeit halber auf *castellano* pocht, das klassische Hochspanisch, der kriegt gleich Punkte abgezogen wegen Nachlässigkeit gegenüber einer gefährdeten Art. Wer weder Spanisch noch Katalanisch spricht, hat zwar diese Klippe schnell umschifft. Er sollte allerdings trotzdem darauf achten, die regionale Kultur nicht gedankenlos als »spanisch« zu bezeichnen. In diesem Zusammenhang ist ein Fauxpas der jüngsten Generation besonders berüchtigt: Er wird von uninformierten ausländischen Studenten begangen, die ein Gastsemester in Barcelona buchen, um ihr Spanisch aufzubessern. Cédric Klapisch hat 2002 in seiner Filmkomödie »L'Auberge Espagnole« (»Barcelona für ein Jahr«) die dazugehörige Schlüsselszene gezeigt: Die Hauptfigur, ein Erasmus-Stipendiat aus Frankreich, sitzt im Hörsaal und zieht die Stirn in immer tiefere Falten, weil der Professor plötzlich in dieser merkwürdig unbekannten Sprache spricht.

Allein von 2000 bis 2005 hat sich die Zahl ausländischer Studenten in Barcelona glatt verdoppelt. Trotzdem weiß nur ein Fünftel des sogenannten *turisme acadèmic* bei der Ankunft auch über die offizielle Sprachregelung des Landes Bescheid. Trotzdem wird offiziell mit großer

Genugtuung hervorgehoben, daß keine andere spanische Stadt auf vergleichbares Interesse stößt. Was in erster Linie heißt: Kataloniens Hauptstadt sticht Spaniens Hauptstadt aus. Womit wir kurz die eingefleischte Rivalität zwischen Barcelona und Madrid streifen, die über Jahrhunderte gereift und längst nicht überwunden ist. Natürlich wird sie heute mit mehr Selbstironie gelebt. Aber das historische Mißtrauen zwischen den, hart gesagt, Imperialisten aus Kastilien und den Separatisten aus Katalonien wird durchaus weiter gepflegt. Daß die erste Trasse des spanischen Hochgeschwindigkeitszugs AVE Madrid mit Sevilla verbindet und Barcelona bis heute nicht an die Schnellstrecke angeschlossen ist, verdankt sich sicher der gegenseitigen Reserve. Für den nötigen Fluß der Geschäftsbeziehungen muß bis auf weiteres der *pont aeri* sorgen, die Luftbrücke zwischen beiden Städten. Sie überbrückt allerdings nicht nur die Distanz, sondern erhält sie auch. Katalanische Geschäftsleute können noch spätabends auf die Muttererde zurückkehren, und viele tun dies mit demonstrativem Aufatmen, als hätten sie die Stadt des großen Unwohlseins hinter sich gelassen. Auch ich fühle mich in Barcelona wohler als in Madrid. Aber das hat eher steinerne Gründe. In Madrid tritt die Architektur tatsächlich viel hauptstädtischer und mit imperialerer Geste auf als in Barcelona. Diese Breitspurigkeit gefällt mir nicht. Da liegen mir die leisere Wucht der katalanischen Gotik und die Verrücktheiten des *Modernisme*, des katalanischen Jugendstils, näher. 450 Jahre Hauptstadt-Pflichten sind eben nicht spurlos an Madrid vorbeigegangen. Der katalanische Philosoph

Josep Ramoneda hat einmal die »Bürgerstadt Barcelona« dem »bürokratisch kontaminierten« Madrid gegenübergestellt und geschrieben: »Im Vergleich zur Staatsgewißheit, die in Madrid herrscht, zeichnet sich Barcelona eher durch ein Bürgerbewußtsein aus. Deshalb bringen sich die Barceloneser auch stärker ins Leben ihrer Stadt ein. Man könnte sagen, die Madrider *wissen*, daß die Stadt ihnen gehört, während die Barceloneser *spüren* wollen, daß sie ihnen gehört.«

Wenn Sie dieses Buch hinter sich haben, sollten Sie etwas mehr über die feinen Unterschiede zwischen Barcelona und dem Rest von Spanien wissen. Aber hoffentlich nicht nur das. Denn Barcelona ist groß genug, um auch jenseits der katalanischen Seele eine aufregende Stadt zu sein. Längst sind Menschen von überallher zugezogen und haben eigene kulturelle Bodenstationen eingerichtet. Das mag nicht unbedingt zum Erstarken des *català* beitragen, sorgt aber ständig für frischen Wind in der Stadt. Meine ersten 48 Stunden in Barcelona habe ich zum Beispiel extrem unkatalanisch verbracht. Ich stellte meinen Koffer in der Wohnung einer argentinischen Bekannten unter, mitten in der Altstadt. Ihre japanische Freundin organisierte mir spontan eine kurzfristige Bleibe bei einem italienisch-marokkanischen Pärchen. Auf deren Dachterrassen-Party am nächsten Abend lernte ich, zwischen Häppchen von kolumbianischem und japanischem Essen, einen Australier kennen, der für das englischsprachige Blatt »Barcelona Business« arbeitete und von mir umgehend und auf unbestimmte Zeit als bester Freund besetzt wurde.

Er war kurz nach dem magnetischen Ereignis der jüngeren Stadtgeschichte zugezogen: nach den Olympischen Spielen 1992. Durch sie wurde Barcelona an die Modefront katapultiert und geriet in die erste Aufmerksamkeitslinie. Seitdem gilt die Stadt als hip. Und bis heute hat sie diesen wackeligen Status tapfer verteidigt. Auch wer noch nie da war, weiß wenigstens, daß er unbedingt einmal vorbeischauen sollte, und sei es nur für ein längeres Wochenende. So ging es mir selbst jahrelang. Ich hatte keine Ahnung, wie die Stadt wohl sein könnte. Aber von irgendwoher hatte ich doch den vagen Eindruck, sie müsse sehr cool und sehr schön sein. Und damals wußte ich noch rein gar nichts über die Ramblas, über Gaudí, den *Modernisme* oder das neumodische Design. Als ich schließlich ankam, Jahre später, waren viele andere schon vor mir dagewesen. Und manche, die schon sehr lange da waren, sagten: Ist voll geworden; früher gab es nicht so viele Touristen; die Stadt hat sich verändert. Da konnte ich nur begrenzt mitreden. Aber irgendwann habe ich mir gesagt: ist besser so. Die Nostalgie würde mir auch nichts nützen. Die Ciutat Vella, die Altstadt, ist jetzt das Sommerhalbjahr über gehörig gefüllt mit Besuchern. Was soll's. Kein Grund zur Klage. Im Gegenteil. Denn vor der Generalmobilmachung für Olympia war die Altstadt grau und abgetakelt. Wer konnte, verließ das Viertel. Eine Schweizer Freundin kam bereits 1985 und empfand Barcelona damals als schmutzige, staubige Industriestadt. Erst ein Jahr später begann die langandauernde Image- und Restaurierungskampagne »Barcelona, posa't guapa!« (Barcelona, mach dich schön!). Seinerzeit muß die Stadt den Aufruf bitter nötig gehabt haben. Heute ist sie gewaltig vorangekommen. Und die Touristen sind daran, im allerbesten Sinne, nicht unschuldig.

Mittagspausen für Ehebrecher

Auf den ersten Blick macht Barcelona sich ganz schön breit. Vor dem Landeanflug, während das Flugzeug eine letzte Schleife über dem Mittelmeer dreht, sieht man einen langen Streifen Stadt, hingestreckt zwischen dem Wasserspiegel und den Hügeln von Collserola. Aber das ist nicht einfach Barcelona. Der Panoramablick zeigt die katalanische Hauptstadt eingekeilt zwischen Hospitalet de Llobregat im Südwesten und Badalona im Nordosten.

Und da geht es schon los mit der Unschärfe. Man kann die Stadt nicht so einfach vom Umland trennen. Barcelona hat gut 1,5 Millionen Einwohner. Mit den direkt angrenzenden Gemeinden sind es schon 2,2, und im gesamten Einzugsgebiet, der *àrea metropolitana*, leben etwa 4,2 Millionen Menschen. Es wäre nicht dumm, einen Teil davon einzugemeinden. Aber der Landesregierung wäre das nicht. In ganz Katalonien leben ja nicht einmal sieben Millionen Menschen. Wenn davon fast die Hälfte Barceloneser wären, dann wirkte das Land selbst am Ende womöglich nur noch wie eine Art erweiterte Grünfläche um die Hauptstadt herum und man könnte es irgendwann genausogut in Barcelonien umbenennen. Diese Vorstellung gefällt Kataloniens Politikern gar nicht. Denn für sie ist Katalonien zuerst einmal ein stolzes Land, zusammengehalten von einer eigenen nationalen Identität. Barcelona soll dieses Land lieber ordentlich repräsentieren, anstatt sich zu einer Art Staat im Staate auszuwachsen. Auch deshalb werden die Grenzen der Stadt auf absehbare Zeit so bleiben, wie sie sind.

Klar, daß es im Kern um ein Wechselspiel geht: Katalonien wäre ohne Barcelona nie zu einem so markanten und patriotisch geschliffenen Land geworden. Andererseits braucht Barcelona den Traum von Katalonien, um sich überhaupt als Hauptstadt fühlen zu können, als Machtzentrum eines ganzen Volkes. Das eine ist ohne das andere nicht zu haben. Deshalb spreche ich in diesem Buch manchmal von Katalanen und rechne die Barceloneser mit ein, und manchmal spreche ich eher von den Barcelonesern und meine nur sie. Schließt das die Einwanderer mit ein? Das hängt davon ab. Ich bitte, gelegentliche Trennungsunschärfen zu entschuldigen. Man kann das nicht immer alles so leicht auseinanderhalten. Die Barceloneser sind Spanier – aber anders, weil sie Katalanen sind. Die Barceloneser sind also Katalanen – aber sie sind anders, weil sie deren Hauptstädter sind.

Andererseits sind viele dieser Hauptstädter keine Katalanen und manche nicht einmal Spanier – sie sind also wieder anders, auch wenn sie die besten Barceloneser sein mögen. Doch bevor wir uns im Abgrenzungsgestrüpp verheddern: Dieses Buch ist zwar eine Gebrauchsanweisung, aber keine mit sauberen Erstens-zweitens-drittens-Schritten, wie man sie von CD-Spielern oder Staubsaugern gewohnt ist. Schließlich *benutzt* man eine Stadt ja auch anders als ein Haushaltsgerät.

Ich erlaube mir zum Beispiel, ganz ohne Regeln, manche Ausdrücke auf *català* zu zitieren und andere auf *castellano*, je nachdem, in welcher der beiden Barceloneser Gebrauchssprachen sie eher zu Hause sind. Aber ich will Sie auch nicht enttäuschen (und verwirren schon gar nicht). Und da ich dieses Kapitel nun schon einmal mit einer groben Orientierung begonnen habe, werde ich einfach noch ein bißchen beim Thema bleiben, ganz konkret werden und schlicht darüber schreiben, wie man sich in Barcelona normalerweise durch die Straßen und durch den Tag bewegt.

Beim Zurechtfinden hilft die leichte Schräglage der Stadt. Da Barcelona vom Mittelmeer aus sanft zu den Hügeln aufsteigt, ist man instinktiv fast immer orientiert. Nur heißen die Koordinaten eben nicht Nord und Süd, sondern *mar* und *muntanya*, Meer und Berg. Diese beiden Begriffe werden ganz allgemein und alltäglich gebraucht, um sich (oder zum Beispiel einen bestimmten Laden) zu situieren, wann immer es nötig ist. Oft helfen sie auch bei Verabredungen, vor allem im großen, gleichmäßigen Raster des Eixample oberhalb der Altstadt. Da die Straßenkreuzungen dort nicht so einfach zu überblicken sind, hält man im Zweifelsfall die Ecke fest, an der man sich treffen will: *Mar* und *muntanya* geben unten oder oben an, Besos und Llobregat, die Namen der Flüsse beiderseits der Stadt, gelten oft für die übrigen Seiten des Koordinatenkreuzes. So wird auf sympathische Weise das Abstrakte durch das Konkrete ersetzt. Statt auf den Kompaß bezieht man sich auf Landmarken: Berg und Fluß und Meer.

Barcelona ist eine Fußgängerstadt. So heißt es. Und es stimmt auch, aber nur zum Teil. Denn der Autoverkehr fließt trotzdem in breiten Strömen. Nur kommt eben, wer zu Fuß unterwegs ist, auch gut rum. Durch viele Altstadtgassen geht es ohnehin nicht anders. Dabei herrscht glücklicherweise keine falsche Fußgängerzonenromantik. Es ist eng, es ist alt und selten blitzblank. Mitunter wuchert der Sperrmüll, und in manchen Sträßchen kann man riechen, daß nicht alle Kneipenstreuner zum Pinkeln ein Klo aufgesucht haben. Das hat zuletzt eine lebhafte Debatte über fehlenden Bürgersinn und eine zu laxe Haltung der Ordnungs- und Reinigungskräfte ausgelöst. Ich konnte die Aufregung zwar nachvollziehen, würde aber trotzdem eine komplett ausgefegte und hübsch aufgeräumte Altstadt nicht lieber haben wollen.

Übrigens sollte auch, wer die Metro benutzt, um schneller vorwärtszukommen, ein guter Fußgänger sein. Denn wer unterirdisch umsteigt, muß oft zwischen den einzelnen Linien einen kleinen Gewaltmarsch machen, so weit liegen die verschiedenen Bahnsteige auseinander. Unter dem Passeig de Gràcia ist der Verbindungstunnel mehr als 250 Meter lang; allein sein Anblick kann einen spontanen Erschöpfungszustand auslösen. Den Extrametern unter Tage entsprechen auf der Straße die Extraminuten, wenn es ums Warten aufs Taxi geht. Wollen Sie im Ernstfall ruhig Blut bewahren, dann prägen Sie sich am besten folgende goldene Regel ein: Taxis stehen nur zur Verfügung, wenn man sie nicht wirklich braucht. Bei Regen oder bei Nacht dagegen darf man kaum mit ihnen rechnen. Sollte es nachts regnen, dann können Sie eigentlich nur auf den Glücksfall hoffen, daß vor Ihren Augen jemand aus dem Taxi steigt und Sie den Wagen übernehmen können. Andernfalls rauschen die Taxen immer nur besetzt an Ihnen vorbei. Ich habe schon, mit Freunden im Viererverband, sämtliche strategische Ecken einer komplexen Kreuzung unter Kontrolle gehabt (am Spätnachmittag, bei leichtem Nieselregen) und nach zwanzig Minuten Warten beschlossen, besser die umständliche U-Bahn-Umsteigestrecke zu wählen. Und wenn am frühen Samstag- oder Sonntagmorgen die Bar- und Clubbesucher von den Ramblas aus auf die zentrale Plaça de Catalunya vorstoßen, dann müssen sie dort häufig Schlange stehen, um einen jener versprengten Wagen zu ergattern, die es trotz allem, hoffentlich, bis zum Taxistreifen schaffen. Dabei halten es die Fahrer im Grunde nur wie manche andere Berufsgruppe auch: Sie richten ihre Arbeitszeiten eher nach den eigenen Bedürfnissen als nach denen der Kunden aus. Diese Spur Snobismus hat nichts mit besonders fetten Honoraren zu tun, sondern eher mit dem Gegenteil. Der Job bringt ohnehin wenig ein; warum also die Nacht dafür durchmachen? Im übrigen orientiert sich der Tarif auch an der verfahrenen Zeit und nicht nur an den gefahrenen Kilometern, weshalb sich Barcelonas Taxis oft relativ gemütlich durch die Stadt bewegen und es an den Ampeln normalerweise nicht so eilig haben wie die Autos in der Spur nebenan, von den Motorrollern ganz zu schweigen.

Die Ampeldynamik ist fast ein Phänomen für sich. Denn zunächst wird grundsätzlich alles nötige Gas gegeben, um noch jetzt gleich, in dieser Phase durchzukommen – und das Rüberbrettern bei Rot gehört dabei zur alltäglichen Praxis. Wer aber erst einmal in vorderster Front zum Halten gekommen ist, der braucht oft seine Zeit, um wieder anzufahren. Mitunter stehen drei Wagen still vor einer neu ergrünten Ampel, und die Fahrer blicken sonstwohin – bis irgendwann von hinten das Hupen losgeht.

In Barcelona hat mir übrigens wirklich mal jemand gesagt (und zwar ein Künstler und kein Polizist): »Ich schätze die Deutschen sehr. In Ihrem Land bleiben die Menschen noch an den Fußgängerampeln stehen.« Mit diesem Lob hatte ich nicht gerechnet. Von niemandem, und schon gar nicht in Spanien. Aber ich war ja auch nicht in Spanien, sondern in Katalonien. Und die Katalanen haben eben ihre eigene, geneigtere Beziehung zu Disziplin und Ordnung.

Damit kehren wir kurz noch einmal zur Debatte über *civisme* (Bürgersinn) zurück. In deren Verlauf appellierte der Bürgermeister ausdrücklich an mehr, nun ja, Blasendisziplin. Eine Kneipe oder Bar, so sagte er, habe man zur Schließzeit gefälligst *pixat*, frisch ausgepinkelt, zu verlassen. Einen Tag später milderte er seine Direktive dahingehend ab, daß Prostatakranke natürlich besondere Nachsicht verdienten. Woran man sehen kann, bis in welche Verästelungen der Bürgersinn des Bürgermeisters reicht.

Die Schließzeiten sind natürlich ein Problem für sich. Nachts um drei wird dichtgemacht. Danach haben, von einigen wenigen Ausnahmen abgesehen, nur noch Discotheken geöffnet. Die sind teuer, laut und nicht immer jedermanns Sache. Da muckt mitunter mein eigener Bürgersinn auf und beklagt den Mangel an Alternativen trotz aller trügerischen Werbeworte über die »Stadt der langen Nächte«. Noch erstaunlicher finde ich es allerdings, daß die öffentliche Zeitordnung oft auch privat befolgt wird. Ich bin schon auf mehreren Parties gewesen, deren Gastgeber gegen halb drei plötzlich alle ihre Gäste animierten, nun gemeinsam Richtung Disco weiterzuziehen. Was stimmt, ist, daß Barceloneser Nachbarn eine recht lärmempfindliche Bande sind, schon der dünnen Wände wegen. So kann es einem also in Barcelona wie in Deutschland passieren, daß irgendwann die Polizei vor der Tür steht, um die Lautsprecherboxen einzukassieren.

Vielleicht erscheint mir die Schließzeit auch nur deshalb so unverhältnismäßig früh, weil alle anderen geregelten Zeiten verhältnismäßig spät liegen. Das gilt vor allem fürs Essen. Mittag wird erst gegen zwei Uhr aufgetragen, der Richtwert fürs Abendessen liegt bei zehn

Uhr. Zu Hause in der Küche darf es auch schon mal etwas früher sein. Aber wer außerhalb der eigenen vier Wände ißt, der hält sich in der Regel an den Richtwert. Oder er fängt noch später an. Ein Mittagessen um drei, ein Abendessen um elf – kein Problem. Weil die Speisenfolge meist zwei Gänge, einen Nachtisch und einen Kaffee umfaßt, ist man erst relativ spät wieder auf der Straße: reif fürs Bett, für die Kneipe oder, im Fall des Mittagessens, für die zweite Hälfte des Arbeitstages. Denn in weiten Teilen der Angestelltenwelt liegen zwei bis drei Stunden Auszeit zwischen den beiden täglichen Halbschichten. Die knappe Mittagspause nach deutscher Art gilt in Barcelona vor allem in Industriebetrieben. Dagegen arbeitet der Portier, der im Erdgeschoß unseres Hauses sitzt, zum Beispiel morgens von neun bis eins und nachmittags noch einmal von fünf bis neun. Ein extremer Fall. Solche Jobs sind eigentlich nur für Menschen geeignet, die das Familienleben aktiv fliehen und die Mittagspause für eine außereheliche Nebenbeschäftigung nutzen möchten. Ich habe unseren Portier daraufhin noch nicht befragt. Aber wahrscheinlich nutzt er die aufgeblähte Zwischenzeit doch nur für ein ausgedehntes Essen und zwei Stunden anschließende Still-Verdauung.

Geizig, tüchtig, gut

Dieses Kapitel handelt von einem etwas heiklen Thema. Es handelt – so gut das eben geht – vom Barceloneser an sich, was im Grunde ja soviel heißt wie: vom Katalanen an sich. Machen Sie sich also auf einige Klischees gefaßt. Aber kommen Sie mir bitte am Ende nicht mit dem Einwand, Sie würden Katalanen kennen, die seien gaaanz anders. Diese Katalanen kenne ich auch. Wer weiß, irgendwann sind sie vielleicht sogar in der Mehrzahl. Denn Mentalitäten ändern sich natürlich, und erst recht in den Stürmen der Globalisierung. Seien Sie also ruhig auf der Hut bei dem, was ich Ihnen erzähle. Obwohl Sie mir genausogut vertrauen könnten.

Zur Auflockerung mache ich es mir leicht und erzähle einen ganz typischen Witz: Einem Katalanen stirbt die Ehefrau. Er muß eine Traueranzeige aufgeben. »Was soll im Text stehen?« fragt ihn der Mann von der

Zeitung. »Montserrat ist tot«, sagt der Katalane. Der Mann von der Zeitung erklärt ihm, der Minimaltarif erlaube sechs Worte. »Ach so«, sagt der Katalane, »dann drucken Sie: Montserrat ist tot. Verkaufe Opel Corsa.«

Der Katalane ist geizig. Er ist sogar sehr geizig – jedenfalls der Legende nach. Als ich den Witz zum ersten Mal hörte, fand ich ihn ziemlich lustig. Irgendwann stieß ich im Internet auf eine Seite mit lauter Katalanenwitzen. Fast alle handelten vom Geiz. Auch der mit der Todesanzeige tauchte wieder auf. Ein anderer Witz zur Knauserigkeit begann folgendermaßen: »Ein Mann geht in eine Apotheke. Der Apotheker ist Katalane (in der Originalversion Deutscher).«

Aha, dachte ich: den Deutschen kann man also mühelos durch einen Katalanen ersetzen (und umgekehrt), das Klischee vom Geiz bleibt dabei das gleiche. Ich selbst fühlte mich davon nicht angesprochen. Ich entsprach ja schließlich nicht dem Klischee. Aber was ist, dachte ich dann, wenn auch der Katalane nicht dem Klischee entspricht? Wollen mal sehen … Nein, auch bei näherem Nachdenken fiel mir kein flagranter Fall katalanischen Geizes ein. Diese und jene Kleinigkeit, ja, vielleicht … Aber Geiz als Charakterzug? Nein, da mußte eine Verleumdung vorliegen. Es sei denn … (und nun dachte ich fast wider Willen weiter), es sei denn, der Katalane und ich, wir wären die gleiche Sorte Geizkragen. Und eben wegen dieser Ähnlichkeit hätte ich Probleme, die Schwäche des anderen zu erkennen.

Ich möchte hier auf eine eindeutige Klärung dieser Frage verzichten. Ich möchte aber darauf hinweisen, daß mir bisher womöglich der eine oder andere katalanische Wesenszug entgangen ist, weil er mir selbst im Blut steckt. Und daß mir andererseits womöglich Dinge auffallen, die weniger katalanisch als vielmehr gesamtspanisch sind. Ein harmloses Beispiel: die Lautstärke. Es ist faszinierend, wie schnell und ausdauernd sich ein paar Freunde im Café oder in der Kneipe anschreien können, ohne daß es sich dabei um einen Streit handelte. Die Katalanen, wie die Spanier, unterbrechen einander häufiger als die Deutschen, weil sie immer schon etwas früher wissen, was der andere sagen will (Deutsche müssen oft erst aufs Verb am Ende des Satzes warten, um den anderen zu verstehen). Beim gegenseitigen Das-Wort-aus-dem-Mund-Reißen steigert sich der allgemeine Umgangston in Windeseile, und der Besuch eines an sich friedlichen Cafés kann für Lärmempfindliche zu einer erstaunlichen Belastungsprobe werden. An Sommerabenden unterhalten intime Grillkreise oder Trinkrunden auf Balkonen mit ihrem stufenlos anschwellenden Geplauder leicht komplette Häuserblocks. Die Katalanen sind allerdings der Auffassung, daß sie eigentlich viel gedämpfter sprechen als etwa die Madrider oder die Sevillaner. Und das mag sogar sein. Nur nützt es mir selbst wenig, zu wissen, daß das Geschrei am Nebentisch oder das meiner eigenen Freunde im Grunde auf eine Sitte von außerhalb zurückgeht. Denn mittlerweile krakeelen die Katalanen auch aus eigenem Antrieb ganz ordentlich.

Es gibt ein weithin bekanntes katalanisches Begriffspaar, in dem die Volksseele vermeintlich gut aufgehoben ist, das heißt *seny & rauxa*. Beide Worte werden gern auch einmal in nationalen, spanischsprachigen Zeitungen verwendet, um mit einem Augenzwinkern die regionale Politik zu kommentieren. *Seny* (sennj gesprochen) ist eine spezifische Form pragmatischer Vernünftigkeit, in der sich Maßhalten und Risikoscheu, Abwägen und Verhandlungswillen mischen. Klingt ziemlich unsexy, oder? Und einigermaßen deutsch, nicht wahr? Jedenfalls im Vergleich zum klassischen Prototyp des glutvollen, impulsiven, unbedingten Spaniers (dessen weitere Gültigkeit allerdings auch noch einmal zu überprüfen wäre). Tatsächlich ist der Katalane aus anderem, biegsamerem Holz geschnitzt. Er ist moderater und steht dem Überschwang eher kritisch gegenüber. Trotzdem kommt sein Gefühlshaushalt natürlich mit dem *seny* allein nicht über die Runden. Deshalb kann er im Zweifelsfall in die *rauxa* (rauscha gesprochen) ausweichen. Auf deutsch würde man wohl Ausrasten dazu sagen. Jede unkontrollierte Gemütsaufwallung widerspricht, grob gesprochen, dem *seny* und geht also auf die Rechnung der *rauxa*. Wobei man sich dieses Mischungsverhältnis nicht als eines von 50 zu 50 vorstellen sollte, sondern eher als eines von 90 zu 10. Oder, um eine alte Formel zu bemühen: soviel *seny* wie möglich, soviel *rauxa* wie nötig. Ausgewiesene Tummelplätze der *rauxa* sind bestimmte Festtage, etwa die *Nit de San Joan* zur Sommersonnenwende (in der die Barceloneser Knaller verbraten wie die Berliner zu Silvester) und natürlich das Barça-Stadion Camp Nou während jedes Heimspiels des FC. Jenseits solcher Ausrast-Evergreens fällt es den Katalanen nicht so leicht, aus sich herauszugehen. Als die brasilianischen Stars Carlinhos Brown und Daniela Mercury im Sommer 2005 mit einer Art Karnevals-Love-Parade über den Hausberg Montjuïc zogen, kamen zwar knapp eine halbe Million Menschen zusammen. Aber Brown mußte den Schaulustigen am Straßenrand ein ums andere Mal erklären, daß es bei der *Carnavalona* nicht ums Zuschauen, sondern ums Mittanzen geht. Glücklicherweise hatte die lateinamerikanische Gemeinde der Stadt genügend Mitglieder entsandt, um die Parade angemessen zu animieren. Im übrigen scheinen sich die Barceloneser, vor die Wahl gestellt, lieber zu bekiffen als zu betrinken, was durchaus ins Bild des introvertierten katalanischen Wesens paßt.

Der Hang zu Zurückhaltung und Understatement setzt sich bis ins Modedesign fort. In Barcelona kommt die schlichte, unauffällige Eleganz von Designern wie Lydia Delgado oder Josep Abril besser an als das Farbdelirium von Custo Dalmau. Auch wenn Custo der lokale Star ist – seine Mode wird eher von Touristen gekauft und also aus der Stadt hinausgetragen. Den Katalanen ist, anders als den Hauptstädtern aus Madrid, aller Exhibitionismus fremd – so sehr, daß sie damit in der Fremde schon wieder auffallen. Eine kubanische Tänzerin, die mittlerweile in Barcelona lebt, erzählte einmal, sie habe in Havanna stets die Tische der katalanischen Touristen ausmachen können: Dort sei es immer so brav einfarbig zugegangen.

Katalanen stellen im Grunde weder sich noch ihren Reichtum oder ihre Gefühle zur Schau. Sie sind freundlich und hilfsbereit, achten aber zugleich auf ein wenig Abstand, wo der Andalusier womöglich schon zur Verbrüderung ansetzen würde. Sie kennen die Vorurteile genau, die über sie im Umlauf sind, und haben sie häufiger durchgekaut als jeder Besucher. Sie wissen nicht nur, daß sie und ihre Zirkel als verschlossen gelten, sondern sagen es auch frei heraus. Natürlich hängen sie dann meist den Satz an: »Doch wenn man erst einmal unser Vertrauen gewonnen hat, dann hat man Freunde fürs Leben gefunden.« Diesem Spruch mißtraue ich allerdings ganz grundsätzlich. Denn man kennt ihn schließlich: von allen verschlossenen Völkern der Welt. Und wer sagt eigentlich, daß bei offenen Völkern die Freundschaft weniger gilt?

Bei allen Parallelen zwischen den Katalanen und den Deutschen gibt es übrigens doch einen interessanten Unterschied. Viele Deutsche strampeln sich ja mittlerweile dabei ab, ihr »Deutschsein« zu überwinden. Sie möchten die typischen, abgelebten Tugenden lieber links liegen lassen und statt dessen lockerer werden, ein durchsonnteres Gemüt haben, alle Korinthenkackerei aufgeben, und vielleicht würden sie gar Abstriche bei der Pünktlichkeit hinnehmen. Die Katalanen haben dagegen kein großes Problem mit ihren »deutschen« Tugenden. Sie pflegen sie sogar. Ich war einmal mit Kataloniens Starkoch Ferran Adrià zum Interview verabredet. Adrià kam harmlose zehn Minuten zu spät, weil er vorher in Vertragsverhandlungen festsaß. Er entschuldigte sich dreimal inbrünstig für seine Unpünktlichkeit und betonte stets, so etwas sei ihm noch *nie* passiert. Ich sagte jedesmal: »Kein Problem«. Und einmal habe ich wohl auch gesagt: »…obwohl ich Deutscher bin«.

Ein weiterer bekannter Baustein aus dem deutschen Tugendset ist die Tüchtigkeit. Daß in Katalonien die arbeitsamsten Spanier leben, würde kein Katalane je anzweifeln. Im Gegenteil: Dieser Ruf entspricht angeblich so sehr den Tatsachen, daß man dafür sogar die eine oder andere Schmähung in Kauf nimmt. Besser man schimpft die Katalanen Workaholics, als sie in die Nähe der faulen Andalusier zu rücken. Ich erinnere mich in diesem Zusammenhang an eine Pensionswirtin aus dem erzkatalanischen Städtchen Olot, die ihren neuangekommenen Gästen, einem Paar aus Navarra, klarzumachen versuchte, daß es im Ort kaum Nachtleben gab. »Hier geht niemand lange aus«, sagte sie, »denn wir Katalanen arbeiten viel.« Der Mann aus Navarra entgegnete nur: »Gute Frau, auch wir arbeiten viel.« Woraufhin die Wirtin das Thema bleiben ließ.

Beim Thema Arbeit fallen Vorurteil und Selbsteinschätzung direkt zusammen. Das hat vor knapp hundert Jahren schon den berühmten spanischen Schriftsteller Unamuno zu der Bemerkung veranlaßt: »Es stimmt, sie arbeiten viel. Aber noch mehr prahlen sie damit. Sicher, sie sind eine Menge wert. Aber es wäre ein rundes Geschäft, sie zu ihrem wirklichen Wert zu kaufen und sie dann zu ihrem eingebildeten Wert wieder zu verkaufen.« Zahlreichen Augenzeugenberichten zufolge nimmt die Effizienz der katalanischen Arbeitskraft nach der langen Mittagspause erheblich ab. Aber das ist natürlich beileibe kein lokales Phänomen.

Viele der Vorurteile zum Volkscharakter haben unmittelbar mit Kataloniens Geschichte zu tun, vor allem mit der unglücklichen Konkurrenz der Region zu Kastilien, das heißt zu Madrid, das heißt zur spanischen Zentralmacht. Diese Konkurrenz beginnt im 15. Jahrhundert mit dem Verlust des eigenen Herrscherhauses und setzt sich auf die eine oder andere Weise bis heute fort. Katalonien wird lange von der Ausbeutung der amerikanischen Kolonien ferngehalten, an denen sich Spanien jahrhundertelang bereichert. Deshalb brütet es auch weniger als andere Landesteile jene selbstgenügsame Adelsklasse aus, die auf alle Formen ordentlicher Arbeit hochmütig herabschaut. Im Schatten der immer dekadenteren Madrider Monarchie entwickeln die Katalanen schließlich eine Art Selbsthelfertum, das sie früher in die industrielle Revolution katapultiert als jede andere Region Spaniens. Das neureiche Barceloneser Bürgertum mag zwar bald seine eigenen Marotten haben, aber es ist doch anders geprägt als der Adel in Madrid. Viele Katalanen verdanken ihren Aufstieg eigener Initiative und Tüchtigkeit, eigenen Entbehrungen. Was andere Geiz nennen mögen, war für sie der erste, notwendige Schritt zum Erfolg. So spiegelt sich im *seny* letztlich die traditionelle Verhandlungsposition des potentiell Unfreien: zurückhaltend, vorausschauend, kompromißbereit. Im Grunde haben die Katalanen genau den Charakter, den sie sich leisten konnten – und haben daraus das Beste gemacht.

Die Barceloneser können stolz auf sich sein und sind es auch. Mit der alten Opferrolle sollte also endgültig

Schluß sein. Und doch wirkt sie immer noch nach. Zum Beispiel beschweren die Katalanen sich gern – aber nur selten, wenn es drauf ankommt. Oft trifft's das Wetter: heute zu kalt, heute zu heiß, dazwischen paßt kaum etwas. Aber wenn auf dem Amt etwas schiefläuft, auf dem Flughafen oder im Restaurant, dann wird das meist still ausgestanden (da macht eher der prinzipienreitende Deutsche ein Faß auf). Darin steckt noch etwas vom Verhalten desjenigen, der sich ewig schlecht behandelt fühlt und doch gelernt hat, daß daran wenig zu ändern ist.

Das nagende Nachdenken über die eigene, als ungerecht empfundene Situation hat außerdem eine hohe Kultur der Nabelschau hervorgebracht, eine beständige Selbstbefragung und Selbstdefinition. Das schließt durchaus auch Selbstironie mit ein; die wird allerdings eher untereinander als im Gespräch mit Nicht-Katalanen gepflegt.

Eines der wertvollsten »Abfallprodukte« dieser Selbstbezogenheit ist die erhöhte Sensibilität für andere Opfer und anderes Unrecht. Das hat zum sogenannten *bonisme* geführt, dem Gutmenschentum aus Barcelona. Der *bonisme* wird natürlich nicht von allen praktiziert, aber doch von auffällig vielen. Nirgendwo in Spanien war zum Beispiel der Protest gegen den Irakkrieg so generations- und klassenübergreifend wie in Barcelona. Denn im imperialen Gestus der USA erkannten viele Katalanen noch den Widerschein des alten imperialen Gestus von Spaniens Krone. Der Bürgermeister gab unter dem Titel »Barcelona, Stadt des Friedens« ein Jahr später sogar einen dreisprachigen Bildband mit schönen Demo-Fotos heraus. Selbst Grundschülern wurde aufgegeben, Zeichnungen gegen den Krieg anzufertigen.

Wo immer es Anlaß gibt, sich solidarisch zu zeigen, entsteht in Rekordzeit eine Initiative. Als 2004 der Tsunami zuschlug, baute Barcelona das Bedauern sogar ganz offiziell in den großen Umzug der Heiligen Drei Könige ein. Caspar, Melchior und Balthasar baten all die versammelten Kinderchen, bitte zunächst eine Schweigeminute für die ertrunkenen Menschen in Südostasien einzulegen; erst danach gab's Bonbons. Das Mitgefühl für die Unterdrückten dieser Welt beeinflußt sogar Urlaubswünsche. Eine Nachbarin machte sich einmal zu meiner großen Überraschung im Sommer nach Estland auf und begründete das knallhart *bonistisch*: »Wir Katalanen interessieren uns eben für Völker, die lange unterdrückt wurden.«

Da wundert es nicht, daß die Barceloneser auch besonders stierfreundlich sind. Das Töten unschuldiger Tiere zum höheren Ruhm eines Toreros empfinden viele als überkommenes Ritual des spanischen Machismo. Im April 2004 verabschiedete die Stadtversammlung deshalb eine Entschließung, und Barcelona wurde offiziell zur »Anti-Stierkampf-Stadt« ernannt. Darüber freuten sich nicht nur die Tierschützer, sondern auch die regionalen Patrioten. Denn der Stier gilt ohnehin als unkatalanisches Tier. Das berühmte spanische Symbol, der Stierumriß von Osborne, ist in Katalonien eher unbeliebt. Die T-Shirts mit der bulligen Silhouette kann man zwar in jedem Barceloneser Souvenir-Shop kaufen. Doch besser, man trägt sie nicht in der Region. Man outet sich damit sofort als Ignorant gegenüber der katalanischen Sache. Hier verkörpert der massige Stier mit den erhobenen Hörnern vor allem den falschen, anmaßenden Stolz Kastiliens. Und er verkörpert ihn so sehr, daß sich dagegen sogar eine Art alternatives Wappentier etablieren ließ: *el burro català*, der katalanische Esel. Als die entsprechenden Aufkleber Ende 2003 auf den Markt kamen, klebten sie in Rekordzeit auf Zehntausenden von Autos. Später wurden nicht nur T-Shirts, sondern auch Bücher und Platten mit dem neuen Emblem verkauft. Das Tier, angeblich Vertreter einer autochthonen Rasse, ist wunderbar getroffen. Treuherzig schaut es den Betrachter an, ein friedliches Gegenbild zum aggressiven Stier. Aber natürlich symbolisiert der Esel nicht nur Sanftmut, sondern vor allem Sturheit, besser gesagt Beharrungsvermögen. Das ist ein weiterer katalanischer Charakterzug. Er ist so zwiespältig wie mancher andere auch. Aber zweifellos ist er zum Überleben hervorragend geeignet.

Flanieren für Anfänger

Machen wir einen Spaziergang. Aber daß wir uns nicht falsch verstehen: das ist kein Angebot, sondern eine Aufforderung. Sie haben praktisch gar nicht die Wahl, den Vorschlag abzulehnen. An diesem Spaziergang – um es deutlich zu sagen – führt kein Weg vorbei. Hier und jetzt können Sie sich zwar sträuben und frech das Kapitel überschlagen. Aber wenn Sie in Barcelona unterwegs sind, machen Sie ihn dann doch. Es steht Ihnen natürlich frei, den Bummel zu genießen oder auch nicht. Nur müssen Sie ihn eben erst einmal gemacht haben. Und wie gesagt: sie kommen ohnehin nicht darum herum.

Barcelona hat zwei Hauptschlagadern und ein Herz. Das Herz ist die Plaça de Catalunya. Sie liegt in der Mitte der Stadt, zumindest empfindet das jeder Barceloneser so, auch wenn sich die geographische Stadtmitte ganz woanders befindet. Die Plaça de Catalunya ist der

Knotenpunkt zwischen dem alten Kern und der großen, gerasterten Neustadt aus dem späten 19. Jahrhundert. Unterhalb des Platzes (vom Meer aus gesehen)
liegt die Altstadt, oberhalb beginnt das Eixample (wört-
lich: Erweiterung). Und beide großen Blöcke haben
ihren eigenen großen Boulevard. Das sind dem Hafen
zu die Ramblas. Den Bergen entgegen ist es der Passeig
de Gràcia. Soweit zu den beiden Richtungen des Spa-
ziergangs. In der Mitte macht sich die Plaça de Catalunya breit. Aber das gesamte Arrangement ist nicht
etwa ordentlich symmetrisch angelegt, sondern eher
krumm zusammengewachsen, und das Scharnier, der
Platz, ist dabei der unglücklichste Teil – weshalb auch
schon mal jemand gesagt hat, die Plaça de Catalunya sei
der gordische Knoten der Stadt, den bisher noch niemand habe lösen können.

Jedenfalls ist der Platz ein Anziehungspunkt ohne
eigene Anziehungskraft. Irgendwie führen alle Wege
darauf zu, ständig steigt man hier aus oder um oder ist
mit jemandem verabredet, um dann gemeinsam weiterzuziehen. Aber kaum jemand würde sich bewußt auf
der Plaça niederlassen, um etwa die Atmosphäre zu
genießen. Dazu macht das Ensemble mit seinen zwei
protzigen Brunnen, den rund zwanzig reizlosen Skulpturen und ein paar Bäumen im Halbrund einen zu kon-
fusen Eindruck. Auf den Bänken sitzen vor allem Er-
schöpfte und Heimatlose, viele davon Touristen. An
jenem Sommertag 2005, an dem Spanien die Homose-
xuellenehe legalisierte, sah ich hier zwei Nonnen, die
ihre nackten Füße in die Sonne hielten, neben einem

engumschlungenen schwulen Pärchen auf der Bank sitzen. Ein zauberhaftes Bild – und ein unverhofftes Nebeneinander, das vielleicht wirklich nur die Anonymität der Plaça de Catalunya möglich macht. Aber das reicht noch nicht zur Ehrenrettung. Womöglich hat der katalanische Schriftsteller Josep Pla recht, der meinte, ein großer Platz sei im Grunde bloß die freie Fläche vor einem bedeutenden Gebäude – und im Fall der Plaça de Catalunya fehle eben dieses entscheidende Gebäude. Tatsächlich stehen heute vor allem klassizistische Bankbauten und moderne Kaufhausklötze um den Platz herum. Die feinen Cafés früherer Zeiten gibt es nicht mehr. Auch das edle Hotel Colón mit seinem beeindruckenden Verhältnis von 27 Billardtischen auf sechzig Zimmer ist einer Bank gewichen. Überlebt hat allein das Café Zurich. Es verzichtet großzügig auf die beiden Pünktchen über dem u, weil man damit in Spanien ohnehin nichts anzufangen wüßte. Ursprünglich nahm es einen Teil des alten Bahnhofsgebäudes der Tram ein. Davon ist ihm nur die Lage geblieben; das Gebäude steht nicht mehr. Heute besetzt das Café die äußere Ecke eines mittelgroßen neuen Einkaufszentrums. Dadurch hat es unweigerlich etwas vom früheren Charakter eingebüßt. Trotzdem ist es nach wie vor eines der schönsten und klassischsten Cafés in dieser an echten Kaffeehäusern erstaunlich armen Stadt. Und es hält zweifellos den Spitzenplatz in der Hitliste städtischer Treffpunkte. Im oder vor dem Zurich werden so viele Verabredungen getroffen, daß der Menschenumschlag allein ein kleines Unterhaltungsprogramm abgibt. Seinem Ausnahmestatus verdankt das Café wahrscheinlich auch die Konzession für eine erhebliche Ausbreitung über den Bürgersteig. Meine letzte Zählung ergab 75 Tische unter freiem Himmel. Auch das ist bestimmt ein Spitzenwert.

Aber jetzt muß es einmal losgehen, die Ramblas hinunter, Barcelonas berühmte Flaniermeile. Nur noch kurz ein Einschub zur Schreibweise: ich benutze »Ramblas«, aus Gewohnheit. Schreiben könnte ich das auch »Rambles«; das wäre katalanisch, liefe allerdings in der Aussprache aufs gleiche hinaus. Viele sagen einfach Rambla, weil es ja nur um eine Straße geht. Ist schon recht. Aber es gibt auf dieser einen Straße eben fünf Abschnitte mit fünf verschiedenen Namen. Und deswegen ist auch der Plural gängig. Als Leser können Sie sich natürlich frei entscheiden. Nur sind Sie jetzt erst einmal mir ausgeliefert.

Einmal im Strom der Mitflaneure, können wir uns gleich fragen, was »flanieren« heute eigentlich heißt. Flanieren Touristen anders als Einheimische? Gehört ein Mindestmaß an Eleganz dazu? War der Grundschritt vor hundert Jahren entspannter als heute? Waren die Blicke damals neugieriger oder abgebrühter? Ehrlich gesagt: ich habe keine Ahnung. Ich frage mich das alles nur manchmal, wenn es mir wieder von irgendwoher entgegentönt: Die Ramblas sind nicht mehr das, was sie einmal waren! Dieser Satz ist wahrscheinlich immer richtig gewesen – und immer falsch, denn darin steckt ja ein Qualitätsvorurteil, das meist gar nicht weiß, worauf es eigentlich abzielt. Wahr ist: Die Ramblas sind oft voll, und die meisten Flaneure kommen von auswärts. Es werden auf den knapp eineinhalb von Platanen gesäumten Kilometern heute sehr viel mehr kurze Hosen und Sandalen getragen als noch vor fünfzig Jahren; das sage ich sogar, ohne die entsprechende Statistik vorliegen zu haben. Aber steht das halbnackte Bein dem Flanieren grundsätzlich im Wege?

Ich glaube, daß sich vor allem eins geändert hat: Früher waren fast alle zufrieden, dort entlangzuschlendern, wo auch die anderen entlangschlenderten. Der große Auftrieb machte den Ort gerade interessant. Es gab viel zu sehen, und es war völlig in Ordnung, selbst Teil eines populären Trubels zu sein. Heute haben sich die Vorlieben etwas verschoben. Statt einfach im großen Strom aufzugehen, bevorzugen viele die individuelle Exkursion ins kleine, versteckte Gäßchen, wo sie plötzlich den unerhörten Geheimtip entdecken möchten. Klar, für diese Sehnsucht sind die Ramblas entschieden der falsche Fleck. Hier ist man zu jeder Zeit mit allen gemeinsam unterwegs. Und man braucht dazu die entsprechende Gelassenheit. Man muß die Parade genießen können, diese Parade der ganzen neugierigen Zeitvertreiber, zu denen man ja selbst gerade gehört – ihre Gesichter, ihren Aufzug, ihre Blicke, ihre Macken und ihre Schönheit. Vielleicht gelingt das am besten ganz allein, ohne Zeitdruck und Wanderschritt. Dann kann man sich inmitten des auf- und abströmenden Menschenschwarms großartig amüsieren und ordentlich satt sehen. Und damit meine ich in erster Linie: satt sehen an der normalen Flanierwolke und nicht so sehr an jenen Figuren, für die das Angeschautwerden zum Geldverdienen gehört.

Das sind vor allem die *estatues*, die menschlichen Statuen, die entlang der Ramblas mehr oder weniger stillhalten und für ihr Kostüm gern einen Euro als Anerkennung hätten. Wer eine Kamera zückt, kommt kaum am Bezahlen vorbei. Und wer mit Kindern unterwegs ist, muß aufpassen, daß sie nicht jeder Statue entgegenrennen, um für ein gemeinsames Erinnerungsfoto zu posieren. Die Selbstinszenierung der Statuen ist mit der Zeit immer raffinierter geworden. Manche haben sogar ihre eigene Webpage, wie der bronzen überschminkte Che-Guevara-Nachsteller (www.elchevive.org). Manche bauen richtige Kulissen um sich herum, wie der Maler, der vermeintlich mitten im Sturz von der Leiter erstarrt ist. Und manche haben auf besonders originelle Weise das Problem des anstrengenden ewigen Herumstehens gelöst, wie Dracula, der bequem im aufgebockten Sarg liegt und nur kurz zum Zähnefletschen aufspringt, wenn die Kasse klingelt.

Die Statuen haben ihre spezifischen Jagdgründe, vor allem die Rambla de Canaletas am oberen Ende der Allee. Die gleiche Zonenwirtschaft gilt für die anderen Zünfte auch. Die Kleintierhändler haben ihre Stände auf der Rambla dels Estudis, die gläsernen Buden der Blumenhändler stehen auf der Rambla de les Flors, die meisten Restaurantterrassen breiten sich auf der Rambla dels Caputxins aus, und die Rambla de Santa Mònica teilen sich Instant-Porträtmaler mit diversen anderen Kleinkünstlern wie Tempeltänzern, Puppen- oder Didgeridoospielern. Manche Alleinunternehmer am unteren Ende der Ramblas streifen sich einfach ein Mickey-Mouse- oder ein Tweety-Kostüm über und warten winkend darauf, daß ihnen Kinder in die Fänge gehen. Andere sind echte Meister ihres Fachs, wie der Puppenspieler, der eine Skelett-Marionette Rock 'n' Roll mit einem Hüftschwung wie Elvis tanzen läßt. Meine persönliche Lieblingsgeschichte über eine verrückte Geschäftsidee von den Ramblas handelt allerdings von meinem deutschen Freund Matthias. Als der nach Barcelona kam, hatte er gerade eine aufreibende Zeit in Englands freier Theaterszene hinter sich. Irgendwie stand ihm der Sinn nach einer klitzekleinen Inszenierung, mit der er sich nebenbei über das scheinheilige Kunstschaffen lustig machen konnte. Er setzte sich also eine dunkle Brille auf, zog Richtung Ramblas und gab sich dort als blinder Maler aus, der für soundsoviel Peseten persönliche Porträts in Kohle anfertigte. Er tastete die Gesichter seiner Kunden ab und improvisierte anschließend ein Bild. Zwar sah er die Porträtierten durch die Brillengläser – aber Matthias konnte überhaupt nicht zeichnen und wollte es auch gar nicht. Auf seinen Krakeleien tauchten in der Regel irgendwo Augen, Nase und Mund auf; weitere Ähnlichkeiten waren so gut wie ausgeschlossen. Seine Kunden schienen trotzdem tief bewegt und hielten sich oft sogar für sehr gut getroffen. Schwer zu sagen, wer in dieser Situation der abgefeimtere Schauspieler war: Maler oder Modell. Matthias verdiente ziemlich gut, die sehenden Kollegen beneideten ihn. Bis sich irgendwann, nach ein, zwei Monaten, amerikanische Eheleute von ihm zeichnen ließen und dabei bekannten, wie sehr sie seinen Lebensmut und seine Schaffenskraft bewunderten. Auch ihr Sohn würde in Kürze erblinden; er sollte sich an Matthias' Initiative ein Beispiel nehmen. Da war es aus. Matthias legte die dunkle Brille ab und kehrte nicht wieder auf die Ramblas zurück. Für mehrere Jahre übrigens, denn den Ex-Kollegen von der Zeichnermeile wollte er lieber nicht Auge in Auge gegenübertreten.

Die ambulanten Gewerbe haben sich mit der Zeit gewandelt. Wo heute die Statuen stehen, wienerten früher reihenweise Schuhputzer am schwarzen Leder. Zuletzt war nur noch einer übrig. Traurig blickte er auf die Turnschuhe und Schlappen hinab, die ihn wohl nie jemand würde putzen lassen. Es gibt natürlich auch keine Briefeschreiber mehr, für die Analphabeten vom Land. Und keine Tagelöhner, die gegenüber der berühmten Markthalle Boqueria auf Abruf standen. Und bald wird es womöglich auch keine Huren mehr geben am unteren Ende der Ramblas. In Vorbereitung auf die Olympischen Spiele war man schon zur großen Flurbereinigung angetreten und hatte die ehemalige Rotlichtzone in Hafennähe aufpoliert. Die Stripbars und Bordelle dünnten aus, schließlich wurden auch die Straßenkontrollen verschärft. Man drängte die Prostituierten auf den unauffälligeren Strich in den Seitenstraßen des angrenzenden Viertels Raval. Auf den Ramblas dagegen verbat man sich, was im aktuellen Amtsspanisch »intensive Nutzung des öffentlichen Raums« heißt. Jetzt müssen die Huren vorsichtig sein. Sie beschränken sich in ihrem Werben auf nächtliches Umherschlendern. Momentan sind hauptsächlich Afrikanerinnen unterwegs. Ob die grundsätzlich risikobereiter sind oder ob es ihnen leichter fällt, Polizisten gegenüber auf Nicht-Verstehen zu schalten, habe ich bisher nicht in Erfahrung gebracht.

Lustigerweise findet, während die Polizei noch mit der Schikane beschäftigt ist, bereits die erste Nostalgisierung der Prostitution statt. In den Hauseingängen der Ramblas Nr. 22 und 24 standen jahrelang hochhackige Damen, um Freier ins *meublé*, ins Bordell, zu lotsen. Ihr Auftritt hat auf den alten steinernen Türschwellen ovale, sohlengroße Löcher hinterlassen. Diese Schwellen sind nun unverhofft zu Kulturgut geworden. Im Sammelband »Petits Paisatges de Barcelona« (Kleine Barceloneser Landschaften) des Instituts für Stadtlandschaft ist ihnen ein eigenes, melancholisches Kapitelchen gewidmet. Und die neuen Hausbesitzer, die ein ordentliches Hotel in den ehemaligen Durchlauf-Herbergen einrichten wollen, versuchen das Museum für Katalanische Geschichte für die Übernahme der historischen Abtritte zu gewinnen. So ändert sich auf den Ramblas der Umgang mit dem Gewerbe. Die heutigen Huren hätte man gerne weg von der Vorzeigestraße. Die steinernen Zeugen ihrer Vorgängerinnen werden dagegen zu Ausstellungsstücken erklärt.

Die Ramblas waren Barcelonas erste Flaniermeile. Als der Stadt 1854 endlich erlaubt wurde, die Mauern einzureißen, die sie schon lange furchtbar eingeschnürt hatten, und man daranging, außerhalb der Altstadt eine neue Gitterstruktur anzulegen, da entwickelte sich der ehemalige Lehmweg ins nächstgelegene Dorf Gràcia Stück für Stück zu einer breiten Allee mit sechs Reihen Bäumen (auch hier Platanen) und mächtigen Bürgerpalästen rechts und links. Der Passeig de Gràcia wurde zum ersten und einzigen Prachtboulevard der Stadt. Die Ramblas nehmen sich im Vergleich dazu fast wie ein intimes Sträßchen aus. Deshalb galt lange Zeit: Im Bauch der Stadt, rund um die Ramblas, geht es volkstümlich zu; oberhalb der Plaça de Catalunya aber herrscht bürgerliche Etikette. Huren haben sich jedenfalls nie dorthin getraut. Die Bourgeoisie dagegen unterwarf sich dem Spaziergang über den Passeig de Gràcia mit fast religiösem Feuereifer. Und nach dessen Abkühlen flanierte sie eben aus Pflichterfüllung weiter. Mochte man des Rituals auch irgendwann müde sein, man mußte ihm doch treu bleiben. Wer nicht mitzog, dessen Notierung an der Society-Börse konnte erhebliche Einbrüche erleiden. Es war ein Hutziehen ohne Ende – und eines mit vielen feinen Abstufungen, die auf raffinierte Weise Wertschätzung und Hierarchie zum Ausdruck brachten. Unter allerlei Grußformeln konnten leicht zwanzig Minuten vergehen, bis man einen Häuserblock weitergekommen war.

In den prächtigsten Jahren der Barceloneser Bourgeoisie, rund um die vorletzte Jahrhundertwende, blühte rechts und links des Passeig de Gràcia der *Modernisme* auf, Kataloniens Sonderform des Jugendstils. Die stattlichsten Gebäude der Straße stammen aus jener Zeit. Und das damalige Schaulaufen der Neureichen spiegelt sich heute noch in mancher aufgetakelten Fassade wider. Der berühmteste Abschnitt, auf der Südseite des Passeig zwischen den Straßen Consell de Cent und Aragó gelegen, trägt seitdem den Spitznamen Manzana de la Discordia, »Block der Zwietracht«, weil die bekanntesten Architekten der Zeit – Gaudí, Domènech i Montaner und Puig i Cadafalch – fast direkt nebeneinander ihre neuesten Häuser in Stellung brachten. Und kaum war Gaudí mit den Arbeiten an der dortigen Casa Batlló fertig, ersuchte ihn ein anderer Großbürger, drei Querstraßen weiter, auf der anderen Seite des Boulevards, bitte gleich noch einmal und noch einmal spektakulärer zu bauen. So entstand die berühmte Pedrera, der »Steinbruch«.

Dem Passeig de Gràcia ist später von der Moderne härter mitgespielt worden als den Ramblas, schon des Autoverkehrs wegen. Auf acht Spuren geht es heute rauf und runter, Parkstreifen nicht mitgerechnet. Da fällt das entspannte Stromern nicht mehr ganz so leicht wie auf den Ramblas, wo links und rechts vom breiten Fußgängerstreifen der Verkehr nur in je einer Spur fließt. Dem Passeig ist zwar auch reichlich Bürgersteig geblieben. Doch mit der statusbedingten Flaniererei von früher ist's vorbei. Heute herrscht die kreditkartengestützte Flaniererei. Die Blicke gelten den Schaufenstern statt den Nuancen der Hutabnahme. Nach langer, bleierner Zeit, in der vor allem Banken ausladende Filialen auf dem Passeig unterhielten, wollen nun auch Modefirmen wieder mit einer ordentlichen Repräsentanz vertreten sein. Die britische Marke Burberry betreibt schräg gegenüber der Casa Batlló ihren einzigen Laden in ganz Spanien.

Der Trubel auf dem Passeig de Gràcia fühlt sich anders an als der auf den Ramblas, etwas angespitzter, arbeitsamer, ungeduldiger. Der jüngere Boulevard ist schneller auf die Betriebsgeschwindigkeit des 21. Jahrhunderts umgestellt worden. Die Ramblas dagegen halten noch eine ältere Form von Müßiggang lebendig. Deshalb fühle ich mich, wenn ich schon ins Flanieren gerate, unterhalb der Plaça de Catalunya immer besser aufgehoben als oberhalb. Es sei denn, es ist Schlußverkauf.

Nestwärme frei Haus

Im Sommer 2005 begegnete ich in einer schmalen Gasse der Altstadt einem Rentnerehepaar aus Kalifornien. Ich erklärte den beiden, wie sie von der Kirche Santa Maria del Mar zu den Ramblas zurückfänden. Und sie erzählten mir, wie froh sie seien, am Ende doch noch den Abstecher in die Altstadt riskiert zu haben. Wieso *riskiert*? fragte ich, gab es ein Risiko? Nein, nein, sagten sie. Aber der Portier ihres Hotels, am oberen Ende des Passeig de Gràcia gelegen, habe sie ausdrücklich vor einer Tour durch die Unterstadt gewarnt – gefährliches Pflaster!

Die Warnung war natürlich völliger Blödsinn. Ein Hinweis auf verstreute Taschendiebe rund um die Kathedrale oder die Boqueria hätte gereicht. Aber dem Portier war es anscheinend gelungen, ein Bündel alter Vorurteile gegen das schmutziggraue Gotische Viertel aus vorolympischer Epoche ohne Nachkontrolle in die Jetztzeit zu retten. Womöglich hatte er die Gegend seitdem nicht mehr betreten – im Glauben, er halte sich so vom Pöbel fern.

Vielleicht geht diese Mutmaßung auch zu weit. Jedenfalls hatte sich der Portier dem Wandel offenbar konsequent verschlossen. Und das ist in einer Stadt wie Barcelona erstaunlich genug. Denn manche Stadtteile haben sich während der letzten zehn oder zwanzig Jahre außerordentlich verändert. Manchmal paßt sich ihr Ruf dabei nur langsam den neuen Gegebenheiten an. In anderen Fällen ändert sich der Ruf schneller als der Stadtteil. Und in wieder anderen Fällen bleiben Ruf und Stadtteil im Grunde wie gehabt, nur daß irgendwann eine nostalgische Politur darübergelegt wird. Die Altstadt ist ein klares Beispiel für den ersten Fall. Noch in den achtziger Jahren lag sie danieder und galt als abgewrackt. Das Nachtleben fand anderswo statt, etwa in den hübschen Sträßchen des bürgerlichen Viertels Sarrià weit oberhalb der Innenstadt. Viele Bewohner der höhergelegenen Zonen kamen damals nur ausnahmsweise ins Zentrum herunter, und wenn, dann womöglich der Exotik wegen: zum Anglotzen der Huren und zum Absturz in den Hafenkneipen. Die elegante Plaça Reial unweit der Ramblas, heute längst wieder ein Vorzeigeplatz, wurde seinerzeit bevorzugt von Dealern und Drogenabhängigen frequentiert. Es gibt bis heute dubiose Winkel in der Altstadt. Aber insgesamt ist das Make-over des Barri Gòtic in großem Stil gelungen.

Doch ich will hier nicht ausschließlich von der Altstadt schwärmen, sondern eher einen Blick rundum werfen, auf ein paar Viertel, die im Selbstverständnis Barcelonas eine wichtige Rolle spielen (ohne Anspruch auf Vollständigkeit!). So viele sind das gar nicht. Das Gassengewirr des Barri Gòtic und das gleichmäßige Raster des Eixample; das alte Industriegebiet am Meer (Poble Nou), das ehemalige Dorf jenseits der Felder (Gràcia) oder das multikulturelle Experimentierfeld (El Raval) – erst zusammen wird eine ordentliche Stadt daraus. Und nicht nur das Gesicht des Barri Gòtic hat sich gewandelt.

Zweifellos hat alles im alten Kern angefangen. Und Barcelona, eine Stadt, die fast besessen ist von ihrer Geschichte, huldigt den Anfängen wo immer möglich. Wenn irgendwo Fundamente aus vorvergangener Zeit auftauchen, ist die Versuchung groß, alles fein freizulegen, auszuleuchten und hinter Glas zu konservieren. Denn jeder tausendjährige Stein verbürgt schließlich das historische Gewicht der verhinderten Hauptstadt. Das schönste Überbleibsel aus Barcelonas Urgeschichte – unter römischem Regime – findet sich in einem versteckten Patio der Straße Paradís nahe der Kathedrale. Dort ragen, inmitten einer alten gotischen Hofanlage, plötzlich drei riesige korinthische Säulen auf – die Reste des einstigen Augustustempels. Sie fallen völlig aus dem Rahmen. Während die katalanische Gotik meist den Eindruck vermittelt, als sei sie vor allem um breite Bodenhaftung bemüht und als dränge sich die enorme Baumasse schützend über den Menschen zusammen, streben die römischen Säulen scheinbar unbekümmert himmelwärts. Sie sind ein wunderbarer Kontrast zur Wucht des Barri Gòtic.

Nach Kontrasten braucht man allerdings nicht lange zu suchen. Denn alles Massive und Strenge der Altstadt beißt sich im Grunde ständig mit dem Bunten, Flatterhaften und Schicken der aktuellen Szenewelt. Die hat zur Zeit im Born ihre Netze ausgelegt, in unmittelbarer Nähe von Santa Maria del Mar und der gotischen Prachtgasse Montcada. Die engen Sträßchen mögen nun etwas von der, sagen wir: magischen Düsternis früherer Jahrzehnte verloren haben; dafür haben sie viel an Farbe gewonnen. Und das dürften höchstens Mittelalter-Puristen beklagen (und vielleicht der eine oder andere lärmempfindliche Nachbar). Einen Steinwurf weiter, unter dem gußeisernen Dach der großen Markthalle des Born, befindet sich übrigens Barcelonas jüngstes und durchaus umstrittenes Ausgrabungsprojekt. Eigentlich sollte die Markthalle zur Bezirksbibliothek umgebaut werden. Doch als man dafür die Fundamente herrichten wollte, stieß man auf Reste des Straßen- und Gebäudenetzes von 1714. Das ist im kollektiven Gedächtnis Kataloniens eine hochsymbolische Jahreszahl. Denn damals wurde die Stadt von den Truppen des Bourbonenkönigs Felipe V. niedergebombt. Katalonien verlor seine traditionelle Eigenständigkeit und mußte sich von nun an dem Madrider Diktat beugen. Kein Wunder also, daß die heutigen Stadtverwalter, allesamt katalanische Patrioten, das steinerne Ruinenfeld als historisches Schaufenster auf die Jahre des ungebrochenen Stolzes nutzen möchten.

Auch die anderen großartigen Markthallen der Alt-stadt wurden im 19. Jahrhundert nicht auf jungfräu-lichem Grund errichtet – oder höchstens im übertrage-nen Sinne. Sie stehen auf ehemaligem Kirchenland. Das Gelände der Boqueria hielten zuvor zwei Ordensbrü-derschaften besetzt. Auf der Fläche des Mercat de Santa Caterina – gerade mit einem phantastischen neuen Dach versehen – hatte die drittgrößte Kirche der Stadt gestanden. Und nicht nur die Märkte nutzen früheres Kirchengebiet. Auf dem Platz des Opernhauses Liceu an den Ramblas befand sich ein Kloster der Barfüßigen Trinitarier. Die Plaça Reial wurde über den Ruinen eines Kapuzinerklosters angelegt. Und so weiter. Alle diese Umwidmungen waren plötzlich im Jahr 1837 möglich geworden. Damals wurden in ganz Spanien kirchliche Besitzungen enteignet, um dem nationalen Immobilienmarkt auf die Beine zu helfen. Die überaus radikale Maßnahme (zumal in einem katholischen Land) verschaffte dem fast zum Ersticken überfüllten Barcelona endlich ein wenig Luft. Außerdem paßte sie zur antiklerikalen Volksstimmung in der Stadt. Schon zwei Jahre zuvor waren bei sozialen Revolten viele Klö-ster in Flammen aufgegangen.

Die Stadtmauern hielten indessen einstweilen stand. Darüber wachten die Truppen der Madrider Monarchie von zwei höhergelegenen Festungen aus. Erst 1854 durf-ten die Bürger den steinernen Würgering schleifen.

Seinerzeit lag Gràcia weit außerhalb und war ein klei-nes, unabhängiges Dorf. Heute klebt das Viertel an der Innenstadt. Denn die hat sich längst ums gerasterte

Eixample vergrößert. Und Gràcia ist nicht nur eingemeindet, sondern sogar weiträumig von anderen Stadtteilen umzingelt. Trotzdem hat sich das Dörfliche bewahrt. Besonders wer aus dem Eixample nach Gràcia eintritt, merkt den Unterschied. Plötzlich ziehen sich die Straßen wieder zu Gassen zusammen, und bald fühlt man sich merkwürdig geborgen. Wahrscheinlich ist das Gefühl auch deshalb so angenehm, weil man ja weiß, daß der Trubel noch nahe ist. Man hat sich nicht wirklich aus dem Staub gemacht, sondern ist nur mitten in der Stadt irgendwie weggetaucht. Die Häuser sind kleiner, schmaler, die Menschen leben näher beieinander. Und zum Aufatmen gibt es die passenden Dorfplätze, auf denen man besonders lauschig die Zeit vergessen kann. In den lauen und heißen Nächten des Jahres sitzen hier so viele Leute auf den Caféterrassen zusammen, daß rundherum Plakate von den Balkonen hängen: *A Gràcia no facis soroll!* – Mach in Gràcia keinen Lärm! Der leicht kumpelhafte Ton paßt zum Geist des Viertels. Hier appelliert man weiterhin an die Dorfgemeinschaft. Und auch wenn der Lärmpegel nicht wirklich sinkt: Der Glaube an den guten Willen des Nächsten ist nicht kleinzukriegen. Denn der Alltag im *barri* verläuft vor allem auf Tante-Emma-Basis. Hier gibt es noch nachbarschaftliche Nestwärme frei Haus. Deshalb ist Gràcia auch zum Rückzugsgebiet der Alternativkultur geworden. Autonome und Neohippies finden hier die richtige Stimmung zum Beschwören der alten Indianerweisheit: Nur Stämme werden überleben.

Wie anders atmet man dagegen inmitten des großen

Gitters, im Eixample, dessen Raster sich breit über dem Stadtzentrum ausspannt. Wer hier ein Plakat aus dem Fenster hängte, um gegen den Lärm der Straße zu protestieren, der machte sich geradezu lächerlich. Die Autos haben einfach zuviel Platz zum satten Durchrauschen. Nachbarschaftliche Nähe fällt einem im Eixample nicht so umstandslos zu wie in Gràcia, sondern muß im Zweifelsfall erst gegen die Zugigkeit des Viertels errungen werden. Aber das Eixample ist schlechte Presse gewöhnt – trotz all der blumigen, modernistischen Großbürgerhäuser. Generationen von Barcelonesern haben sich bereits über die monotone Struktur des Entwurfs aufgeregt. Und doch genießt der Architekt des Masterplans von 1859, Ildefons Cerdà, höchstes Ansehen in der Stadt. Denn seine Vorstellung vom Eixample war zutiefst humanistisch und hatte wenig zu tun mit dem, was Spekulanten und Bauherren später mit den einzelnen Planquadraten anstellten. Innerhalb jedes Blocks sollte Platz für einen offen zugänglichen Park sein, die Häuser waren nicht so tief und längst nicht so hoch gedacht, wie sie schließlich gebaut wurden. Cerdà würde wahrscheinlich zusammenbrechen, wenn er heute den irren Werkstätten-, Terrassen- und Lagerhallen-Wildwuchs eines gewöhnlichen Hinterhofs im Eixample zu sehen bekäme. Manche Häuser, denen besonders frech und geschmacklos einfach noch eine (und noch eine) Etage aufs Dach gesetzt wurde, haben Eingang gefunden in den Liebhaber-Fotoband »La Barcelona lletja« (Das häßliche Barcelona) des Stadthistorikers Lluis Permanyer. Es ist vieles aus dem Ruder gelaufen. Und dann kamen auch noch die Autos hinzu. Deren Kür ist jetzt das Freistilparken vor den gekappten Ecken der einzelnen Blocks. Weil mit soviel zusätzlichen Pferdestärken anfangs niemand rechnen konnte, gibt es heute Überlegungen, das Viertel nachträglich neu anzupassen. Man müßte Großblocks aus drei mal drei Einheiten schaffen und den Autoverkehr aus ihrem Innern verbannen, sagen fortschrittliche Stadtplaner. Aber dazu ist der sogenannte »politische Wille« wohl auf lange Zeit nicht stark genug.

Dieser Wille hat sich vorerst auf einen anderen Stadtteil eingeschossen, auf das alte meernahe Industrieviertel Poble Nou. Das war jahrzehntelang ein Motor von Barcelonas Wirtschaftskraft und zugleich eine Hochburg der anarchistischen Arbeiterbewegung. Nun gibt es reichlich Manövriermasse. Viele traditionelle Fabriken haben längst dichtgemacht oder sind ins Umland gezogen. Die Brachen locken Bauherren an, die sich noch einmal den ewigen Barceloneser Traum vom großen Immobiliengeschäft erfüllen wollen. Seit der nahe Küstenstreifen appetitlich aufbereitet wurde, macht die Beute einen noch saftigeren Eindruck. Aber ganz so einfach sollen es die Spekulanten dann doch nicht haben. Die Stadt hat einen Masterplan entwickelt und einen Gutteil des Viertels zur Zone »22@« erklärt, für deren Nutzung sie selbst die Regeln festlegt. Hier sollen sich allerlei hochmoderne Firmen und Institute sammeln und für eine brillante Mischung aus Zukunftstechnologie, Kreativität und Dynamik sorgen. Dazwischen gibt es etwas sozialen Wohnungsbau und Reservate fürs traditionelle Gewerbe – das nötige Grün nicht zu vergessen. So weit, so rechtschaffen. Allerdings hat der Gesamtplan 22@ trotzdem schon die Tarife verdorben. Während sich das High-Tech-Quartier nur ganz langsam und stockend entwickelt, klettern die Wohnungspreise ringsum in Windeseile. So macht das Poble Nou einen merkwürdig gespaltenen Eindruck. Manche Teile sind ein wenig schmuddelig und liegen da wie im Dornröschenschlaf, im Grunde ein ideales Einfallgebiet für die rastlose Szene auf der Suche nach neuen Jagdgründen. In anderen kreisen Kran und Abrißbirne, und nebendran stehen schon die neuen, glänzenden Büroriegel. Zwischendrin ragen einsame Schornsteine in den Himmel, als Grabstelen der industriellen Revolution. Die Fabriken dazu sind abgerissen, nur ganz wenige wurden rechtzeitig umgewidmet – wie Palo Alto, ein fast verwunschener Komplex abseits des 22@. Dort hat sich der berühmte Designer Javier Mariscal (einst verantwortlich für Barcelonas Olympia-Maskottchen) mit seinem Studio eingenistet, nebst anderen Graphik- und Videofirmen. Es gibt viel Efeu, alte Steine und sogar einen niedlichen Werksgarten mit Salatbeeten, Tomatenstauden und quakenden Fröschen. Was fehlt, ist das kleine Feld mit Cannabis-Pflanzen. Es ist einer Razzia zum Opfer gefallen. Und Mariscal hat der Polizei versprochen, nicht wieder nachzupflanzen.

»En construcción« (Im Bau) heißt ein emblematischer Barcelona-Film der letzten Jahre, eine ironische, intelligente und landesweit gefeierte Dokumentation über den Umbau eines Stadtviertels. Sie gilt allerdings nicht dem Poble Nou, sondern dem Raval. Das Raval ist so etwas wie die arme Seite der alten Stadt. Das Viertel liegt auf der anderen Seite der Ramblas und gehört nicht zum Barri Gòtic, weil es zu Zeiten der Gotik noch kaum bebaut war. Erst gegen Anfang des 20. Jahrhunderts wurde es berühmt, besser gesagt: berüchtigt. Denn sein hafennahes Ende, das Barri Xinès, galt damals als anziehend abstoßendes Tummelbecken von Huren und Matrosen, Gaunern und Lumpenproletariern. Auf dem angrenzenden Boulevard, dem Paral·lel, reihten sich die passenden Etablissements für deftige Volksbelustigung aneinander. Jean Genet hat hier eine Weile schamlos vor sich hin gelebt, »in diesem großen dreckigen Chaos, mitten in einem Viertel, das nach Öl, Urin und Scheiße stank«. Später setzte er ihm mit dem »Tagebuch eines Diebes« eine Art literarisches Denkmal. Hundert Jahre danach ist vom einstigen Zauber der Halbwelt nur noch ein wenig Halbwelt geblieben; den Zauber verwalten die Dichter. Auch die populäre Skandalmeile des Parallel gehört der Vergangenheit an. Als einziges ordentliches Sex-Cabaret hält sich das Café Bagdad – mit mehr Freiheiten denn je. In ihrer kleinen Epochengeschichte »Barcelona modernista« haben Eduardo und Cristina Mendoza sehr schön geschrieben: »Heute ist schwer festzustellen, was für Aufführungen eigentlich genau stattfanden in jenen Etablissements, von denen damals alle nur voller Entrüstung sprachen, während man später, als sie schon unwiderruflich der Vergangenheit angehörten, nur voller Nostalgie an sie zurückdachte.«

Das Raval bleibt »im Bau« und in Bewegung. Die

Armut ist noch nicht aus dem Viertel verschwunden, der Straßenstrich genausowenig. Viele Einwanderer aus Pakistan, dem Maghreb oder Osteuropa sind zugezogen und haben ihre Kulturen mitgebracht. Zugleich drängt der Avant-Chic bis tief in die Gassen vor. Coole Bars und islamische Metzgereien liegen Tür an Tür.

Im oberen Teil des Raval steht seit 1995 das MACBA, Barcelonas Museum für zeitgenössische Kunst, als ewiger Vorbote einer sozialen Umwälzung, die weiter auf sich warten läßt. Inzwischen ist es interessierten Kreisen wenigstens gelungen, ein paar teure Hotels im Viertel zu positionieren.

Vielleicht sollte man den ewiggestrigen Portier vom Passeig de Gràcia hierher zwangsversetzen. Wenn überhaupt, dann hätte er im Raval noch etwas Grund für seine Warnungen. Aber was sagte er dann seinen Gästen? »Besser, Sie treten gar nicht erst vor die Tür.«?

Wir sind eine Nation

Ich möchte an einen außerordentlichen Barceloneser Festakt erinnern. Er fand Anfang September 2003 im Palau de la Generalitat statt, dem Sitz der katalanischen Landesregierung, und trug das Motto »Anschluß an Katalonien«. Der regionale Regierungschef hatte dazu Einwanderer verschiedenster Kulturen eingeladen. Im Grußwort hob Kataloniens Generalsekretär für Einwanderungsfragen hervor, sie alle seien ins »beste Land der Welt« emigriert. Eine Kolumbianerin und ein Marokkaner verlasen daraufhin einen Text mit dem Titel: »Auch wir wollen Katalanisch sprechen«, in dem sie unter anderem ihre Bereitschaft zur vollen Integration erklärten. Dann traten einzelne Einwanderer vor den Regierungschef und nahmen aus seiner Hand je eine katalanische Nationalflagge, eine CD mit der Aufnahme der katalanischen Nationalhymne sowie eine Broschüre über die Bedeutung des katalanischen Nationalfeiertages entgegen. Auch der Regierungschef forderte seine Gäste noch einmal zur vollen Integration auf. Schließlich trug ein Chor die Nationalhymne vor, während zwei Dutzend bunt gemischte Einwandererkinder in den Festsaal strömten, eine riesige katalanische Flagge zwischen sich ausgespannt. Damit endete die Veranstaltung.

Das ist nun schon ein paar Jahre her. Aber ich denke immer noch fasziniert an den Festakt zurück. Damals fragte ich mich, was die Immigranten nun wohl mit ihrer Nationalflagge anstellten, ob sie die CD mit der Hymne je auspacken würden und ob die Kinder eigentlich begriffen hatten, was es bedeuten sollte, daß sie sich alle an der großen Fahne festhielten. Es war eine Show voller Symbole gewesen, in Wort und Tat, und jeder hatte seine Rolle ordentlich über die Bühne gebracht. Alle schienen zufrieden. Mir dagegen war etwas unwohl bei der Sache. Das hatte wohl mit dieser merkwürdigen Mischung aus Multikultur und Nationalismus zu tun. Vor allem natürlich mit dem Nationalismus. Als Deutscher trägt man da schließlich gewisse Empfindlichkeiten mit sich herum.

Den Katalanen sind diese Empfindlichkeiten in der Regel fremd. Unter Kataloniens Politikern gilt Nationalismus als Ehrensache, nicht als Makel. Das Land hatte allerdings auch noch nie eine Chance, im Namen der Nation ernstlich Schaden anzurichten. Im Gegenteil, sagen die Katalanisten: Immer sei Katalonien von anderen übel mitgespielt worden; deshalb werde es Zeit, daß die katalanische Nation zu ihrem Recht komme; sie verliere sonst ihre Identität. »Wenn ich Däne wäre oder Deutscher wie Sie«, hat mir einmal ein Historiker aus Barcelona gesagt, »dann brauchte ich kein Nationalist zu sein. Dann wäre ja das Überleben meiner Kultur sichergestellt. Aber wir Katalanen haben nun einmal keinen eigenen Staat.«

Wie es aussieht, werden sie den auch so schnell nicht bekommen – falls je. Es gibt zwar ein beständiges Gezerre mit der Madrider Zentralregierung um mehr Kompetenzen für die autonome Region. Doch die komplette Unabhängigkeit wird dabei nie ins Auge gefaßt. Und wenn sie plötzlich erreichbar wäre, dann wollte die große Mehrheit der Katalanen sie womöglich nicht einmal.

In der Zwischenzeit besteht allerdings die große Mehrheit auf größtem Respekt gegenüber der katalanischen Identität. *Som una nació* – »wir sind eine Nation« lautete eine der Kernformeln des Jahres 2005, als erneut über das Autonomiestatut verhandelt wurde. Und zwei Jahre zuvor, beim regionalen Wahlkampf, war *catalanitat* eines der magischen Worte. Keinem Kandidaten durfte es daran mangeln; jeder Kandidat mußte statt dessen für die *catalanitat* des gesamten Landes kämpfen und sich um deren Erhalt gehörig Sorgen machen.

Nur: was ist diese *catalanitat* eigentlich? Wovon genau ist die Rede, wenn von der katalanischen Nation die Rede ist? Und wie identisch muß die Identität eines vollwertigen Katalanen über die Jahre hin wohl mindestens sein? Sie sehen schon, ich neige in dieser Hinsicht zu kritischen Einwänden. Meine Reflexe funktionieren – es sind die eines typischen patriotismuskritischen Nachkriegsdeutschen. Und diese Reflexe werden ordentlich gefordert im regelmäßigen Kontakt mit dem Katalanismus. Ich möchte sie jetzt, in diesem Kapitel, eigentlich ein wenig im Zaum halten. Lassen Sie mich deshalb kurz bremsen und die Spur wechseln: Statt vom *catalanisme* reden wir erst einmal vom *català*, der Sprache. Die ist greifbarer als die katalanische Identität. Bestimmt ist sie deren wichtigstes Element. Außerdem leuchtet ihre Verteidigung unmittelbar ein.

Noch immer schwächelt das *català* unter den Nachwirkungen von 37 Jahren Franco-Diktatur. Franco hatte den öffentlichen Gebrauch des Katalanischen verboten. Die Sprache stand seiner Idee einer homogenisierten spanischen Nation nach kastilischem Vorbild entgegen; und die Katalanen hatten, aufgrund ihrer traditionellen Widerständigkeit, sowieso eine harte Hand verdient. Es kam dem Diktator gelegen, daß die katalanische Wirtschaft ständig neue Arbeitskräfte brauchte. Die zogen vor allem aus Spaniens armem Süden zu und bildeten so eine Art zweite Flanke der Kastilianisierung. Die geplante Erstickung des *català* war zwar zum Zeitpunkt von Francos Tod 1975 längst nicht gelungen, aber doch deutlich vorangetrieben. Also hatte die Wiederbelebung der Sprache nun allererste Priorität. Sie galt als zentraler Baustein einer umfassenden Re-Katalanisierung der Region. Daß dabei auch die linken Parteien mit nationalistischem Eifer vorgingen, war eine weitere Folge der Franco-Zeit. Denn gegen dessen Diktatur hatte sich der Katalanismus, im Kern konservativ, ein progressives Image zulegen können.

Seitdem sind viele Katalanen das Gefühl nicht mehr losgeworden, zu einer gefährdeten Art zu gehören. Gefährdete Arten muß man schützen, sonst sterben sie aus. Diese Angst ist es, die den Katalanismus so stark macht. Und die geschwächte Sprache liefert ihm das beste Argument.

Schon lange wird in der Schule ausschließlich auf *català* unterrichtet. Das schafft eine gute Grundlage. Darüber hinaus gibt es die sogenannte *normalització lingüística*. Deren Kern sind Sprachkurse für Neuankömmlinge und Alteingesessene. In den höheren Stufen finden sich noch immer viele Katalanen, die ihre Muttersprache zwar fließend sprechen, aber kaum schreiben können. In den unteren Stufen mischen sich Spanier aus anderen Teilen des Landes mit Ausländern von überall her.

Auch ich lasse mich »normalisieren«, zweimal wöchentlich für zwei Stunden. Wenn ich so weitermache wie bisher, dann erreiche ich im Sommer 2008 das berüchtigte »Niveau C«. Erst mit dem entsprechenden Stempel käme ich dann rein theoretisch für eine Stelle in der öffentlichen Verwaltung in Frage. Da sind die Katalanen ganz strikt – selbst wenn sie damit auch viele ihrer eigenen Landsleute vor eine harte Prüfung stellen. In meinem Fall hat es eine Weile gedauert, bis ich überhaupt in die *normalització* eingetreten bin. Denn als ich nach Barcelona kam, war nicht einmal mein Spanisch wirklich vorzeigbar. Dem habe ich zunächst den Vortritt gelassen, auch seiner ungleich größeren Reichweite wegen. Denn schließlich gab es keinerlei Verständigungsschwierigkeiten: Jeder Katalane, insbesondere in Barcelona, spricht ja Spanisch. Und fast alle schalten automatisch und ohne Murren auf *castellà* um, wenn sie es mit einem Spanisch sprechenden Ausländer zu tun haben. Das ist sehr freundlich von ihnen. Aber es ist natürlich auch ein Problem – nämlich für das *català*.

Je häufiger sich die Katalanen auf das Spanisch ihres Gegenübers einlassen, desto seltener sprechen sie ihre eigene Sprache. Laut Statistik werden in der katalanischen Hauptstadt inzwischen nur noch 49 Prozent aller Gespräche auf *català* geführt, Tendenz fallend. Zwar wird die Sprache angeblich von 95 Prozent der Einwohner verstanden und von gut 75 Prozent gesprochen. Nur ist es eben immer noch ein Unterschied, ob jemand eine Sprache sprechen *kann* oder ob er sie auch tatsächlich *spricht*. Viele Einwanderer bleiben auf Dauer eben doch bei Spanisch hängen (und die Katalanen reden dann einfach mit). Das gilt insbesondere für Spanier und Latinos, aber auch für Pakistanis, Marokkaner oder Deutsche. Es gibt Radio- und Fernsehkanäle auf spanisch, die wichtigsten Tageszeitungen erscheinen auf spanisch, und überhaupt ist Spanisch ja immer noch die zweite offizielle Sprache Kataloniens, weshalb öffentliche Aushänge und Ansagen in der Regel zweisprachig sein müssen.

Das macht die vollmundige Erklärung der Einwanderer bei dem eingangs beschriebenen Festakt so wertvoll: »Auch wir wollen Katalanisch sprechen!« Das wirkt unter den gegebenen Umständen fast schon wie ein glühendes Bekenntnis zur gesamten katalanischen Kultur. Und wenn etwa eine Afrikanerin oder ein Chinese, ein offensichtlicher Exot also, tatsächlich ein gewandtes *català* an den Tag legt, dann können Katalanen leicht leuchtende Augen bekommen. Schon mein pakistanischer Gemüsehändler ruft Begeisterung hervor, obwohl er bisher noch in der Phase des heißen Bemühens steckt. Ihm blieb allerdings gar keine Alternative zum Sprachkurs. Denn seit 2003 gibt es eine Richtlinie, derzufolge jeder Betrieb in der Lage sein muß, Kunden nach Wunsch auch auf katalanisch zu bedienen.

Das ist eine weitere Maßnahme der *normalització*. Sie kommt dem entgegen, was zum Beispiel die Bürgerinitiative Plataforma per la Llengua seit mehr als zehn Jahren fordert: *Volem viure plenament en català* – wir wollen komplett auf katalanisch leben. Das ist heute leichter geworden, aber es gibt immer noch Löcher im Netz. Die Barceloneser Filialen der deutschen Supermarktkette Lidl zum Beispiel führen nach wie vor Produkte ohne katalanische Etikettierung. Das könnte ihnen Aufkleber eintragen mit dem Slogan: »Diese Firma diskriminiert die katalanische Sprache!« In Faltblättern fordert die Plataforma alle Bürger auf, konsequent *català* zu sprechen und nur in Notfällen Zugeständnisse an die mangelnden Kenntnisse des Gegenübers zu machen. Ich habe gelegentlich Katalanen getroffen, deren soziale Praxis sich streng an diesen Ratschlägen zu orientieren schien. Bei meinem momentanen Niveau an katalanischer »Normalisierung« bin ich mir nicht sicher, ob ich das nun für verbohrt halten soll – oder für den heldenhaften Versuch, Zugezogene konsequent an die neue Heimat heranzuführen. Eine dieser Bekanntschaften, erfuhr ich später, verweigert grundsätzlich den Besuch von Restaurants, deren Karte nur auf spanisch verfaßt ist. Da schlägt die katalanische Widerständigkeit dann doch in katalanistischen Trotz um.

Womit wir wieder beim Nationalismus wären. Allerdings: Auch den gibt es in verschiedenen Dosierungen zwischen Light und Classic. Meist wird es um so problematischer, je weiter der Blick zurück in die Geschichte fällt, je mehr von historischen Privilegien und ewigen katalanischen Werten die Rede ist. Dem fortschrittlichen Katalanisten geht es vor allem um ein paar regionale Rechte mehr und um eine vorteilhaftere Position in jenem Spiel, das die Deutschen »Länderfinanzausgleich« nennen. Katalonien ist, neben dem Baskenland, der reichste spanische »Bundesstaat« und finanziert, wie Bayern oder Baden-Württemberg, über sein Steueraufkommen strukturschwache Regionen mit. Darf man zu »strukturschwach« auch »faul« sagen? Und beutet die Zentralregierung die fleißigen Katalanen nicht schon deshalb aus, weil sie es immer so gemacht hat?

In diesen Verdacht mischt sich wieder eine historische Note. Aber das ist eben gang und gäbe in Katalonien: Weil ihnen der eigene Staat fehlt, müssen die Katalanen zur Identitätsstiftung stets an die eigene Geschichte erinnern. Je bruchloser das Land im spanischen Staat aufzugehen scheint, desto mehr beharren die Katalanisten auf den Gräben, die die Jahrhunderte gezogen, und den

Wunden, die die Feinde geschlagen haben. Kataloniens goldene Epoche war das Mittelalter, insbesondere das 13. und das 14. Jahrhundert, als die Herrscher des »Königreiches von Aragon und Katalonien« sich von Barcelona aus sogar ein kleines Mittelmeerimperium zusammeneroberten, mit Handelsvertretungen an 126 Orten (Beirut, Tripolis, Konstantinopel!). In dieser Zeit wurde ein Gutteil von Barcelonas berühmter Gotik hochgezogen, und nebenbei entstanden ein paar erstaunlich demokratische Organe. Ironischerweise geht Kataloniens Nationalfeiertag aber nicht auf diese Jahre der Größe zurück, sondern auf die schmerzlichste Niederlage des katalanischen Volkes. Am 11. September 1714 fiel Barcelona nach langer Belagerung und wahrhaft heroischem Widerstand an die Truppen des Bourbonenkönigs Felipe V., und es begann eine lange Zeit rigider Fremdherrschaft. So seltsam es klingt: Alljährlich feiern die Katalanen den Tag ihrer eigenen Kapitulation. Die bisher sympathischste Erklärung für diesen Umstand gab mir der Barceloneser Schriftsteller Alfred Bosch. »Der katalanische Nationalismus«, sagte er, »ist vor allem die Rebellion gegen das Unrecht, das uns immer wieder angetan wurde.« So gesehen scheint der 11. September als Feiertag sehr gut gewählt.

Natürlich funktioniert dieses Datum nur bei »echten« Katalanen. Neuankömmlinge lassen sich mit Geschichten über Kämpfe aus vergangenen Jahrhunderten nur schwer für einen Beitritt zur katalanischen Kultur gewinnen. Weil das auch die Politiker wissen, haben sie nach Francos Tod eine neue, gewissermaßen posthistorische Form von Integration etabliert: Um Katalane zu werden, muß man es nur aufrichtig wollen! So lautet in etwa die gültige Formel. Wobei der aufrichtige Wille selbstverständlich am besten durch die Teilnahme an der *normalització lingüística* bewiesen wird. Deshalb lautete das Sesam-öffne-dich, die entscheidende Formel der Anschluß-Feier vom Kapitelanfang: *Nosaltres tambè volem parlar en català*!

Manchmal allerdings verraten die Politiker ihre eigene liberale Botschaft und verfallen doch wieder aufs Ewige, Gestrige. Mein liebstes fieses Zitat dazu stammt von Jordi Pujol, der 23 Jahre lang Kataloniens Präsident war. Kurz vor seiner Abwahl 2003 wurde er von einer oppositionellen Kandidatin namens Manuela de Madre kritisiert. De Madre ist Tochter andalusischer Einwanderer. Pujol wollte vor diesem Hintergrund seine eigene regionale Autorität noch einmal herausstreichen und kommentierte die Kritik mit den Worten: »Der Unterschied zwischen Manuela de Madre und mir ist, daß sie erst seit fünfzig Jahren hier ist, ich aber schon seit fünfhundert.«

Salsa statt Sardana

Die nächsten Seiten sind einmal ganz unkatalanisch. Mit Absicht. Denn nach der Breitseite Katalanismus im letzten Kapitel möchte ich ein wenig gegensteuern, weil Barcelona durchaus auch als internationale Stadt durchgehen kann. Man braucht nur das Denkmal des katalanistischen Helden von 1714, Rafael Casanova, zu besuchen. Jeden 11. September legen ihm die Nationalisten einen Kranz vor die Füße. 365 Tage im Jahr aber ist der Verteidiger Barcelonas von chinesischen Textilgroßhändlern umgeben. Die haben mittlerweile fast ein ganzes Viertel in Beschlag genommen, den oberen Teil der Ribera. In Läden mit so klangvollen Namen wie Moda Quingting oder Ramani hängt fernöstlicher Fließband-Chic aus. Draußen steht Casanova, in Bronze gehauen, mit der Leidensmiene des Verlierers. Seine Stadt hat sich der Multikultur geöffnet. Glücklicherweise.

Ein »Chinesenviertel« gibt es in Barcelona schon lange: das Barri Xinès, wir streiften es bereits. Dort haben allerdings nie Chinesen gelebt, jedenfalls nicht in nennenswerter Zahl. Den Namen erhielt das Viertel eher wegen all der exotischen Vergnügungen, die es bot, und wegen all der exotischen Schiffsbesatzungen, die von diesen Vergnügungen Gebrauch machten. Zu jenen Zeiten hatte Barcelona schon begonnen, sich an Einwanderer zu gewöhnen. Doch diese Einwanderer kamen, relativ gesehen, noch nicht von weit her, sondern nur aus ärmeren Regionen Spaniens. Und fast alle Regionen waren ärmer. Der Bus, der regelmäßig mit frischen Arbeitskräften aus Murcia eintraf, trug sogar den Beinamen *transmiseriano*, Trans-Elends-Express.

In den vergangenen zehn Jahren hat sich die Einwandererszene gewaltig internationalisiert. Vor allem aus den ehemaligen lateinamerikanischen Kolonien sind viele Menschen gekommen, Argentinier, Ecuadorianer, Kolumbianer, alle mit ihrer je eigenen spanischen Sprachmelodie. Dann gibt es eine große marokkanische Gemeinde, und inzwischen sind auch die Pakistanis stark vertreten. Keine dieser Gruppen hat bisher einem einzigen Viertel so sehr den Stempel aufgedrückt, daß man etwa von Little Marokko oder Pakistown sprechen könnte. Es gibt allerdings einen Stadtteil mitten im Zentrum, in dem die Einwanderer besonders stark vertreten sind. Das ist das Raval, südöstlich der Rambla gelegen. In seinen engen Gassen fanden früher schon die Spanier aus dem Süden eine erste und oft auch dauerhafte Bleibe. Viele sind inzwischen in etwas komforta-

blere Wohnungen weggezogen, also rücken Neuankömmlinge nach.

In den letzten Jahren ist in Barcelona ein Bandprojekt
mit dem Namen 08 001 sehr bekannt geworden. 08 001
ist die Postleitzahl des Raval. Dort besaß die Familie des
jungen Barceloneser DJ Julián Urigoitia Beltrán einen
leerstehenden Lagerraum. Aus dem machte Urigoitia
ein Aufnahmestudio und lud sich im Jahr 2002 lauter
Musiker aus dem Viertel zur Improvisation ein. Als 2003
die CD »Raval ta Joie« (Raval, deine Freude) erschien,
hatten sich zwei Dutzend Musiker aus einem knappen
Dutzend Länder dem Projekt angeschlossen. In der
Musik mischten sich Raï, Flamenco, Dub, Rock, Soul
und noch ein paar andere Stile, die Bandmitglieder
stammten aus Guinea-Bissau, Algerien, Marokko, Ar-
gentinien, Frankreich oder den USA und traten auf der
Bühne in immer neuen Konstellationen zusammen. Bei
dem Konzert, das ich selbst gesehen habe, fehlte der
algerische Sänger Adlen Kloufi, die wichtigste Stimme
von 08 001. Man sah ihn zwar auf Video und hörte auch
die entsprechenden Gesangsamples; er selbst aber hatte,
aufgrund von Visumsproblemen, zurück in seine Heimat reisen müssen.

Es gibt, jeder weiß das, Einwanderer erster und zwei-
ter Klasse. Ich gehöre in die erste Klasse, weil ich aus
einem EU-Land stamme. Ich kann kommen, ohne mich
mit Papierkram herumschlagen zu müssen, und ich
kann bleiben, solange ich will. Den meisten werden die
ersten Schritte nicht so leicht gemacht. Und selbst wenn
sie endlich das Aufenthaltsrecht und die Arbeitserlaub-

nis erstritten haben, bleiben sie doch oft »deplaziert«. Jeder Katalanischkurs der *normalització lingüística* ist voll mit Historikerinnen, die nun in einer Boutique, Informatikern, die gerade in einem Callcenter oder Chemikern, die auf dem Bau arbeiten. Unter den lateinamerikanischen Immigranten hat sich dafür der Begriff *reciclaje profesional* eingebürgert. Insbesondere Leute mit Uni-Abschluß gebrauchen den Ausdruck mit zartbitterer Süffisanz. Denn sie müssen in der Regel absurde Hürden überwinden, um ihren ausländischen Titel in Spanien anerkennen zu lassen. Das jedoch gilt für Italiener oder Kanadier genauso wie für Mexikaner oder Chilenen. Viele lassen es also bleiben. Denn Aussicht auf eine bezahlte Beschäftigung im akademischen Bereich besteht ja ohnehin nicht.

Am allerbesten haben es wahrscheinlich jene handverlesenen Einwanderer, die gleich mit einem Vertrag des FC Barcelona in die Stadt kommen, etwa jener Brasilianer, der weltweit unter dem Namen Ronaldinho bekannt ist. Wie viele berühmte Fußballclubs, so darf auch »Barça« als multikulturelle Spielvereinigung gelten. Da der FC Barcelona aber in allen Ligen gewissermaßen stellvertretend für Katalonien antritt, kann man den Verein genausogut als seltenes Beispiel einer multikulturellen Nationalmannschaft betrachten. Manuel Vázquez Montalbán hat Barça einmal die heroische Streitkraft eines Landes ohne Staat und Armee genannt. Und so zieht das Team in den Augen der Fans tatsächlich in den Kampf – wenigstens gegen den Erzfeind, die »monarchistische« Mannschaft Real Madrid aus der konkurrierenden Hauptstadt. Ich bin selber kein Fußballfan. Deshalb amüsiert es mich immer wieder, daß die patriotischen Stimmungsschwankungen der Katalanen tatsächlich davon abhängen können, ob ein Brasilianer oder ein Kameruner den Ball ins gegnerische Tor bekommt.

Viele Barceloneser haben ein gespaltenes Verhältnis zu den Einwanderern in ihrer Stadt. Untergründig fürchten sie, die Fremden könnten den regionalistischen Konsens schwächen. Aber zugleich sind sie stolz, daß andere ihre kleine Heimat als gelobtes Land ansehen. Exemplarische Exoten werden gern ins Rampenlicht gerückt – wie Asha Miró, eine gebürtige Inderin, die als Kind von Barcelonesern adoptiert wurde und heute, unter anderem mit Hilfe autobiographischer Bücher, zu einer glühenden und attraktiven Botschafterin Kataloniens herangereift ist.

Vollintegrierte Einwanderer läßt man gern einmal die Ansprachen zur Eröffnung von Stadtfesten halten. Und apropos: 2005 wurde für Barcelonas großes viertägiges Stadtfest, die Mercè, mit einem Plakat geworben, das nur das Gesicht einer jungen Mulattin zeigte. Angeblich handelte es sich um ein Jugendfoto der kubanischen Dichterin Celia Mercè Aymerich, die auf der Suche nach familiären Wurzeln jahrelang in der Stadt lebte. Das Plakat zitierte auch einen Satz aus Aymerichs Reisetagebüchern: »...die Erinnerungen meines Vaters und meine eigene Phantasie verschmolzen mit der Wirklichkeit...« Allerdings war die Figur frei erfunden: Es gab keine Celia Mercè Aymerich. Der Plakatkünstler hatte einfach dem Sehnsuchtsort Barcelona ein neues und interessantes Antlitz gegeben.

Dabei sollte man sich nicht täuschen: Die Sehnsuchtsorte der meisten Einwanderer liegen weiterhin in ihrer Heimat. Man spürt etwas davon, wenn man jene Clubs und Kneipen besucht, die nicht nur von Immigranten geführt, sondern auch von ihnen frequentiert werden, etwa das Sabor Cubano in Gràcia, das kolumbianische Cafetál oder die Salsa-Disco Antilla im Eixample. Manchmal habe ich das Gefühl, die Gäste dort können sich in eine ganz besondere kollektive Nestwärme hineinsteigern: als würden sie ganz bewußt das Heimweh beschwören – um dann gleich anschließend darauf herumzutanzen. Natürlich kreuzen auch Katalanen in der Salsa-Disco auf. Viele versuchen sogar, Salsa zu lernen. Die Nachfrage danach dürfte inzwischen wohl größer sein als nach der *sardana*, jenem klassischen katalanischen Volkstanz, der eher wie ein Reigen zum höheren Lob der Disziplin wirkt als wie ein Ausbruch von Lebensfreude. Ich erinnere mich in diesem Zusammenhang an ein Schulfest, auf dem Viert- bis Sechsklässlerinnen munter vor sich hin tanzten. Ich begleitete eine kubanische Freundin, deren Tochter den Schulfreundinnen gerade karibischen Hüftschwung und ähnliche Tricks beibrachte – mit erstaunlichem Erfolg. Meine Freundin war zu jener Zeit leicht frustriert von der Sprödigkeit all ihrer katalanischen Bekanntschaften. Als sie aber sah, wie den Kleinen die Salsa in die Beine fuhr, sagte sie plötzlich: »Ich bin dabei, mich mit Barcelona zu versöhnen. Die Stadt geht einer besseren Zukunft entgegen.«

Natürlich kann man nicht bruchlos von der Partystimmung auf die Alltagslaune schließen. Auch das läßt sich im Raval beobachten. Dort liegt zum Beispiel die immerjunge Traditionsdisco La Paloma. Der Laden öffnete vor über hundert Jahren als Tanzpalast. Der Plüsch von damals ist geblieben, und noch immer finden Schwofabende mit Orchesterbegleitung statt, nur daß diese jetzt fließend in House-Nächte übergehen. Eine Weile beschnuppern sich beide Sorten Publikum, schließlich bleiben die Jungen mit dem frühen Morgen allein. Das La Paloma veranstaltet auch regelmäßig die sogenannte »Raval Launch«, eine Art Multikulti-Ambient-Nacht, die direkt vom Flair des Viertels inspiriert scheint. Das Publikum, vornehmlich Neo-Hippies, lungert auf orientalischen Teppichen herum, DJs treten gemeinsam mit Sitarspielern auf, zwischendurch führen Banghra-Tänzerinnen Bollywood-Choreografien vor, im Saal werden Massagen angeboten, Yoga, Kartenlegen und exotische Häppchen. Das ist, wenn man so will, eine animierte Schaufensterversion des ravalistischen Miteinander. Wer tags durch die Straßen zieht, erlebt das Viertel etwas anders, allerdings immer noch bunt, mit seiner Mischung aus arabischen Imbissen, indischen Videotheken, chinesischen Ramschhandlungen, pakistanischen Spätkaufläden, russischen Call-Shops und einigen coolen Bars und Boutiquen. Bei diesem Rundumblick habe ich nur die alten spanischen Lokale und Läden vergessen – und deren alternde Kunden. Denen gefällt das große Tohuwabohu nicht. Ihnen bröckelt nämlich langsam die angestammte Nachbarschaft weg, und die Pakistanis mögen sie bis auf weiteres nicht als gleichwertigen Ersatz akzeptieren.

Sie sind in einer eigenartigen Lage. Früher hackten die Katalanen oft auf ihnen, den spanischen Einwanderern, herum und nannten sie abfällig *xarnegos*, was so etwas ähnliches wie »zugewanderter Bastard« heißt. Diese Erfahrung sollte sie eigentlich davon abhalten, nun ihrerseits auf die neuesten Fremden herabzusehen. Doch manchmal ist der Weg zu Multikulti weit. Und die Botschafter von Barça reichen noch nicht für die große Völkerverständigung.

Die Bourgeoisie im Blumenmeer

Beginnen wir mit einer Schuldzuweisung: Der *Modernisme* ist schuld, daß Josep Pla, der bedeutendste katalanisch schreibende Autor des 20. Jahrhunderts, kaum musikalische Bildung besaß. Zu Plas Studienzeit in den 1910er Jahren war Barcelonas entscheidende Konzerthalle der frisch eröffnete Palau de la Música Catalana. Hier fanden die interessanten und wichtigen Aufführungen statt. Pla hätte gern regelmäßig zugehört. Doch es gelang ihm nicht. »Wenn der Konzertsaal des Palau einen anderen Anblick geboten hätte, etwas schlichter, weniger gräßlich, nicht so himmelschreiend furchtbar, dann hätte ich sicher mehr Musik gehört. Aus mir wäre womöglich sogar ein musikalisch kultivierter Mensch geworden. Aber ich konnte den Palau einfach nicht ertragen. Es war stärker als mein Wille.«

Der Palau liegt in einem halbtoten Winkel der Altstadt, etwas eingeklemmt zwischen den Nachbarhäusern. Das schmale Grundstück wird weder dem einstigen Rang des Gebäudes noch seinem schmetternden Auftritt gerecht. Und der Palau ist noch immer ein starkes Stück, eine architektonische Generalmobilmachung in Sachen Kitsch. Heute nimmt man davor allerdings nicht mehr Reißaus. Heute staunt man in aller Ruhe, schüttelt gelassen den Kopf oder lächelt still in sich hinein: Was haben die damals auf die Kacke gehauen! Das Proszenium ist mit gewaltigen Skulpturen in Bimsstein ausgekleidet, unter anderem mit fliegenden Rossen, einem ausladenden Weidenbaum, anmutigen Musen und einer Büste von Beethoven. Aus der Bühnenrückwand treten achtzehn holde Maiden im Relief hervor, in bunten Kleidern und mit allerlei Instrumenten im Arm. Von der Decke hängt ein riesiges gläsernes Sonnenmosaik herab, rundherum breiten sich rosa und weiße Keramikrosen aus, die wiederum von monströsen goldenen Pfauenfedern abgelöst werden. Um es kurz zu machen: Dicker kann man kaum auftragen. Und dabei haben wir die Außenansicht noch gar nicht erwähnt.

Der Palau war so etwas wie der bombastische Schlußakkord des *Modernisme*, einer Bewegung, die etwa zwanzig Jahre lang in Barcelona den Ton angab, von 1890 bis 1910. Zwanzig Jahre sind eigentlich keine furchtbar lange Zeit. Sie reichten allerdings, um der Stadt den Stil dauerhaft aufzuprägen. Heute, knapp hundert Jahre nach seinem Dahinscheiden, ist der *Modernisme* zu Barcelonas eigentlichem Markenzeichen geworden. Man darf auf deutsch natürlich auch katalanischer Jugendstil dazu sagen. Aber hier vor Ort hat sich eben der Begriff *Modernisme* eingebürgert, weil die Gesellschaft damals einen enormen Modernisierungsschub erlebte. Da galten die protzigen neuen Gebäude als Ausweis eines blühenden Gemeinwesens. Der Protzigkeit verdanken sie auch, daß sie noch heute eine so zentrale Rolle im Image der Stadt spielen. Die gotischen Fassaden der Altstadt mögen zwar schon ein paar hundert Jahre mehr auf dem Buckel haben. Aber die opulenten Bürgerpaläste des Eixample treten doch mit einer ganz anderen Wucht auf. Ein gewisser Exhibitionismus scheint ihnen angeboren. Außerdem fällt ihre schiere Zahl ins Gewicht. Das Institut für Stadtlandschaft stellte 2005 eine *Ruta del Modernisme* vor, die 111 Stationen in ganz Barcelona umfaßt. Damit allein ließe sich wohl leicht ein dreiwöchiger Urlaub füllen. Und dann gehört eben auch Antoni Gaudí, Barcelonas Weltstar der Architektur, zum *Modernisme*. Im Grunde hat erst sein Revival für die Rehabilitation der ganzen Epoche gesorgt. Aber Gaudí ist ein Fall für sich – auch der Sagrada Familia wegen. Deshalb bekommen er und sein immer noch unfertiger Tempel im Anschluß ein eigenes Kapitel.

Der *Modernisme* ist also wieder gesellschaftsfähig. Trotzdem bleibt er gewöhnungsbedürftig. Ich brauchte selbst eine Weile, bis ich mich über die blumige Ornamentik an den Fassaden, das neogotische Gedrechsel, die bunten Keramiken und die aufwallenden Gesimse und Friese freuen konnte. Meine Geschmacksnerven reagierten zunächst eher gereizt. Zuviel Schwulst, zuviel Effekthascherei, zuviel Zuckerbäcker-Architektur.

Das Aufdringliche und das Aufbrausende setzten mir zu. Aber die anfänglichen Allergien klangen langsam ab. Und irgendwann konnte ich ganz friedlich mit dem *Modernisme* zusammenleben. Er würde nie zu meinem Lieblingsstil werden. Aber darum ging es ja auch gar nicht.

Mittlerweile gefällt mir der *Modernisme*. Und ein paarmal bin ich schon an Häusern vorbeigegangen und habe mich, während mein Blick noch wohlgefällig an ihnen entlangstreifte, gefragt: Fandest du das nicht seinerzeit kitschig und überladen? Ja, so war es gewesen. Und jetzt? Bin ich eingeknickt und weich geworden? Habe ich den ondulierten Süßigkeiten aus der großen Pralinenschachtel auf Dauer einfach nicht widerstehen können?

Vielleicht ist auch etwas anderes passiert. Mein heutiger, sehr vergänglicher Geschmack spielt sich nicht mehr zum Richter über eine Mode auf, deren Zeit lange vor seiner lag. Und das ist gut so. Denn jetzt kann ich mich viel besser mit dem *Modernisme* amüsieren, ich kann seine Kunstfertigkeit schätzen und mich in Details verlieben – das Wirbelsäulen-Treppengeländer der Casa Batlló, die *Alien*-artigen Schlingbögen in der Casa Miquel Sayrach, die putzigen Drachen am Tor des Palau Ramon Montaner, den submarinen Speisesaal mit Nymphen und Quallen im Hotel España ... gut, ich höre schon auf.

Manchmal scheint das große Auftrumpfen des *Modernisme* wie eine Art Freiheitsrausch, in dem die Architekten sich mal so richtig austoben konnten, in dem kein Ornament zu überzogen und kein Beutezug durch frühere Epochen wie ein Abkupfern wirkte. Nein, es war Jonglage und Fusion, ein entfesseltes Potpourri, ein frühes *anything goes*.

Dieser Eindruck von Freiheit und Abenteuer verflüchtigt sich allerdings schnell, wenn man nicht nur die Häuser vor Augen hat, sondern auch die Möbel – wie im Pis de La Pedrera, dem stilecht eingerichteten Appartement, das in Gaudís Casa Milà zu besichtigen ist. Plötzlich schrumpft alle sprühende Phantasie wieder auf eine Schachtel bourgeoisen Biedersinns zusammen, parfümiert von Prüderie und Anstand. Ein merkwürdiger Kontrast. Aber das war eben auch der Kontrast der ganzen Zeit: *An* den vier Wänden herrschte heftiger Spieltrieb. *In* den vier Wänden galt dagegen strenge Etikette. Vielleicht treffen wir hier wieder auf die alten Kameraden *seny* und *rauxa*, in einer ihrer vielen Verkleidungen. Das Barceloneser Großbürgertum bestand zu einem Gutteil aus Neureichen, die im Zuge der industriellen Revolution oder als Kolonialunternehmer zu Geld gekommen waren. Sie pochten auf gute Sitten und traditionelle Werte, überwölbt vom Geist des Katholizismus. Zugleich muß es ihnen unter den Nägeln gebrannt haben, mit dem frischen Geld auch mal fett über die Stränge zu schlagen, den Reichtum hinauszutrompeten, einmal ohne Skrupel vor Stolz zu platzen. Aber die Kragen blieben zugeknöpft. Am Ende durften sich eben nur die Architekten gehenlassen, stellvertretend und natürlich zum höheren Ruhm der zahlenden Bourgeois. Ich kann mir nicht helfen, aber ich sehe hinter jedem zarten Blumenmotiv, hinter jedem sinnlichen

Schnörkel am modernistischen Bau immer auch den steifen Besitzer des Hauses, der sich im eigenen Leben keinerlei extravagante Blütenträume gestattete. Mich überkommen dann gelegentlich wirre Mitleidsphantasien, in denen ich auf einen dieser moralisch versiegelten Bürger von damals zutrete, ihm eine Hand auf die Schulter lege und freundlich lächelnd sage: Mach dich mal locker! Denn das war einfach nicht drin. Es galt, sich am Riemen zu reißen, und tatsächlich lautete das erste Gebot des sittsamen Alltags: Maßhalten! Sicher wurde es nicht aufs Geldverdienen angewandt. Aber auf den Sex zum Beispiel. Ein entsprechender ehehygienischer Ratgeber, zu Beginn des 20. Jahrhunderts in Barcelona verlegt, empfiehlt, höchstens zweimal im Monat Geschlechtsverkehr zu pflegen. Alles darüber hinaus bedeute einen übermäßigen Energieverlust.

Es gab allerdings einen Ort in der Stadt, wo alle Zurückhaltung ihr Ende hatte, eine gleißende Kultstätte des Luxus und der Leidenschaft. Das war das Gran Teatre del Liceu, die Oper. Zwar liest man heute noch im prunkvollen Spiegelsaal den leutseligen Spruch: »Musik ist die einzige Sinnenfreude, die sich vom Laster nicht mißbrauchen läßt.« Doch von diesem kleinen moralischen Zeigefinger abgesehen, war der nächtliche Auftrieb im Liceu eigentlich ein unmoralisches Zurschaustellen von Schmuck und anderen Statussymbolen. Die Logen waren lange Zeit sogar während der gesamten Vorstellung beleuchtet. Erst 1901 erstritt ein Regisseur für seine Wagner-Inszenierung das Löschen der Lampen im Saal – gegen den heftigen Protest der Logenbesitzer.

Die mußten sich fügen, dabei hatte der Regisseur im Grunde unrecht. Denn letztlich waren die Aufführungen im Liceu nur Nebensache. Das hat Josep Pla sehr schön beschrieben, der den Trubel ein paar Jahre später aus dem oberen Rang beobachtete: »Vom fünften Stock aus bot der Saal das Panorama eines Ozeans der Bourgeoisie. Später kam mir dieses Panorama immer museumshafter vor. Genauer gesagt nahm es eine typisch museale Form an, die der Vitrine. Eine faszinierende, herrliche, lebendige Vitrine, die auf purem Exhibitionismus fußte. Abgesehen von den Musikliebhabern des fünften Stocks und vereinzelten Kennern anderswo im Saal, war alles am Liceu jener Jahre Exhibitionismus. Das machte das Theater zu einem so bedeutenden und interessanten Ort. Es war eine so fabelhafte Vitrine, daß von einem Herrn aus Barcelona die Rede ging, der angeblich eine Freundin besaß, die er gerne präsentierte und zur Schau stellte. Er geleitete sie ins Liceu – er selbst blieb nicht gern –, voll behangen mit blendendem und sündhaft teurem Schmuck. Am Ende der Vorstellung erwartete er sie in seinem Wagen, wo er ihr sofort alle Edelsteine abnahm und sie nach minutiöser Durchsicht zurück in eine eigene Schatulle tat. Vitrinen helfen bei vorübergehenden Anfällen von Exhibitionismus, und genau dazu diente das Liceu.«

Barcelona hatte, anders als Madrid, keinen Hof. Das Liceu übernahm ersatzweise einige von dessen Aufgaben. Es ist noch heute ein prächtiges Opernhaus. Aber in der Zwischenzeit hat das Understatement Karriere gemacht, und die Exklusivität hat nachgelassen. Jetzt schreit einen der Reichtum nicht mehr aus jeder Loge an. Die feinen Unterschiede werden nur noch im Cercle del Liceu richtig gepflegt, einem versnobten Privatclub, der seit 1847 in den Seitengemächern des Hauses residiert. Bis 2001 waren Frauen im Cercle nicht als ordentliche Mitglieder zugelassen. Sie durften, als Gattin oder Gespielin, höchstens von eingeschriebenen Herren mitgebracht werden (ein Damenbad mit Bidet ist vorhanden). Kataloniens berühmte Sopranistin Montserrat Caballé bat schließlich gemeinsam mit neun bekannten Geschäftsfrauen um Aufnahme – und wurde abgelehnt. Das sorgte in der Stadt dann doch für einigen Ärger und mobilisierte die fortschrittlichen Mitglieder des Clubs. Sie gewannen den Machtkampf. Und so sind heute, neben rund tausend Männern, auch etwa dreißig Frauen im Cercle del Liceu eingeschrieben.

Zugangsbeschränkungen gelten natürlich auch für viele modernistische Gebäude. Es ist ja noch nicht alles musealisiert. Wer zum Beispiel einen Blick ins Treppenhaus von Gaudís Casa Calvet werfen will, muß eine rote Kordel im Hauseingang umgehen. Der Besitzer verbittet sich nämlich jeglichen Zutritt Unbefugter. Und der Portier komplimentiert all jene, die nur kurz staunen wollen, in noch kürzerer Zeit wieder hinaus. Mein Bekannter Gonzalo, ein großer Fan des *Modernisme*, hat mittlerweile eine Art Sport daraus gemacht, den Widerstand von Portiers zu brechen, wo er es für nötig hält. In der Casa Comalat war er einmal bis tief in den Korridor vorgedrungen, als ihn der Concierge mit den Worten stellte: »Anschauen verboten!« Worauf Gonzalo einfach stehenblieb und sich die Hände vor die Augen hielt. Das reizte den Portier erst zur Weißglut – und schließlich zum Lachen. Gonzalo sammelt Zutritte fast wie Trophäen. Er weiß in der Regel, wem welches Gebäude seit wann gehört, und kennt die Gerüchte drumherum (»Bellesguard soll zu Francos Zeiten eine Abtreibungsklinik gewesen sein!«). Irgendwann sollte er eine Geheimgeschichte schreiben, unter dem Arbeitstitel: »Hinter den Mauern des Modernisme«.

Es gab übrigens, neben all den hochmögenden und steifen Bourgeois, auch eine kleine modernistische Bohème. Darin spielten weniger die Architekten eine Hauptrolle als die Maler, vor allem zwei, Ramon Casas und Santiago Rusinyol. Beide stammten aus reichem Hause, hatten eine Zeitlang in Paris gelebt und waren dann beseelt nach Barcelona zurückgekommen, wo sie mit ihren stimmungsvollen Straßen- und Cafészenen ziemliches Aufsehen erregten. Die Bilder waren zwar höchstens zart angehaucht vom Impressionismus, aber doch freier im Zugriff auf Thema und Gegenstand, als man es bisher in Barcelona gewohnt gewesen war. Die Maler und andere Sympathisanten genossen ihr leicht rebellisches Image. Auf einer *festa modernista* proklamierte Rusinyol 1894 im Namen aller Anwesenden, daß er lieber »unvernünftig, verrückt und dekadent« sei als »kraftlos und zahm; daß die Besonnenheit uns erstickt; daß unser Land an zuviel Umsicht leidet...«. Im selben Jahr malte er »Die Morphiumsüchtige«, das sehr suggestive Bild einer im Bett sich windenden Frau, das eher wie eine Einladung zu einem Probeschuß wirkt als wie ein moralisch inspiriertes Werk. Auch Casas' Werbeplakat für eine Syphilisklinik, mit einer weiteren lasziven Dame als Motiv, scheint stärker an sündigen Erinnerungen orientiert als an medizinischen Rücksichten. Bald machten Rusinyol und Casas mit einem gemeinsamen Freund in der Altstadt eine Kneipe auf, das legendäre Lokal Els Quatre Gats, und schufen so eine zusätzliche Bühne für den kontrollierten Sittenverfall.

Zartbesaitete Gemüter ließen sich seinerzeit leicht skandalisieren. Auf einem Maskenball des Künstlerclubs kam es einmal, so heißt es, zu gotteslästerlichen Ausfällen. Jedenfalls verließen die Brüder Josep und Joan Llimona, der eine Bildhauer der andere Maler, empört den Ball und den Club, um einen streng katholischen Gegenverein ins Leben zu rufen, den Cercle Artístic de Sant Lluc. Auch Antoni Gaudí gehörte zu den Gründungsmitgliedern.

Das Quatre Gats schloß nach sechs Jahren und wurde erst 85 Jahre später, als Touristenattraktion, wiederbelebt. Den Cercle Artístic gibt es heute noch. Er hat gut 800 Mitglieder, die vor allem Stilleben, Landschaften und Akte malen. Die moralische Rigidität hat allerdings nachgelassen. Zum hundertsten Geburtstag 1993 behauptete zwar Enric Llimona, ein Nachfahr der Gründerväter, der Verein bestünde weiterhin aus sittsamen Christenmenschen. Aber das war wohl schon damals nur mehr Wunschdenken. Schließlich wurde 2005 noch eine alte Vereinstradition aufgehoben. Es gibt nun keine Messe mehr am Tag des Namenspatrons Lukas. Seit Jahren war niemand mehr gekommen.

Der Schrat

Im Jahr 2008 soll es letzten Schätzungen zufolge endlich soweit sein. Bis dahin, sagen die Bauherren, ist das Dach dicht. Und dann ließe sich, nach mehr als einhundert Jahren Bauzeit, im Hauptschiff der Sagrada Familia zum ersten Mal eine öffentliche Messe halten. Schwer zu sagen, ob die Gläubigen im näheren Umkreis der Kirche dem Ereignis schon entgegenfiebern. Oder ob sie es später eher als ein kurioses Event sehen werden, das sie selbst überhaupt nicht betrifft. In all den letzten Jahren gehörte die Sagrada Familia schließlich vor allem den Touristen, die mit ihrem Eintritt (und manchmal einer Spende darüber hinaus) den Weiterbau garantierten. Inzwischen wirkt das Planquadrat, auf dem die Kirche steht, fast wie eine extraterritoriale Zone. Es liegt mitten im Eixample und hat doch irgendwie nichts damit zu tun. Zu lange ist die Baustelle bereits vom Leben des

Stadtviertels abgetrennt. Im Grunde steht die Inbesitznahme von Barcelonas berühmtestem Bauwerk durch die Barceloneser immer noch bevor. Und daran wird wohl auch die erste Messe wenig ändern. Es wird ja anschließend weitergebaut. Mit der endgültigen Fertigstellung der Kirche ist allerfrühestens im Jahr 2025 zu rechnen. Besser, man legt noch einmal gute zehn Jahre drauf. Die optimistischen Prognosen lassen sich nämlich nur einhalten, wenn der Besucherstrom auch künftig nicht abreißt und also weiterhin rund 150 Bauarbeiter beschäftigt werden können.

Nehmen wir einmal an, der letzte Schutt würde im Jahr 2032 weggeschafft. Dann hätte die Bauzeit der Sagrada Familia genau 150 Jahre betragen. Das ist für einen Kirchenbau dieser Dimension eigentlich keine skandalös lange Spanne. Zwei von Barcelonas drei monumentalen Kirchen aus früheren Epochen brauchten bis zu ihrer Fertigstellung länger. Die Hauptfassade der Kathedrale wurde sogar erst knapp 600 Jahre nach der Grundsteinlegung angebracht. Aber irgendwie hilft es wenig, heute diese Zahlen zu vergleichen und zu sagen: Kathedralen brauchen halt ihre Zeit. Denn die Sagrada Familia wächst nun in eine Welt hinein, die von ihrer »Botschaft« kaum noch etwas hält.

Die Idee zum Bau der Kirche kam in der zweiten Hälfte des 19. Jahrhunderts auf, als sich die radikal konservative Glaubensgemeinschaft der Josephiner vornahm, der Sündhaftigkeit des modernen Menschen etwas entgegenzusetzen. Der »Bußtempel« – im Original Temple Expiatori de la Sagrada Familia – sollte zur

Mahnung und zur Abbitte dienen, ein Bollwerk sein gegen frevelhafte Freigeisterei jeglicher Art. Würden die Gründerväter sehen können, über welches Sortiment an Freigeisterei die Menschheit mittlerweile verfügt, sie würden sich womöglich gebrochenen Herzens daranmachen, die Kirche wieder einzureißen, damit nicht noch mehr fidele Touristentruppen mit gezückter Digitalkamera und ohne Glaubensbekenntnis die Türme hoch- und runterdackeln. Klar, daß die aktuellen Sachwalter des Projekts flexibler denken. Ihnen gilt jeder zahlende Besucher als Förderer, und jeder Besuch könnte – das ist nie auszuschließen – in eine Bekehrung münden. Ein eindeutiger Fall von Zweckoptimismus. Welche Zukunft aber die Sagrada Familia auch haben wird: Für ein unfertiges Bauwerk hat sie schon eine ordentliche Geschichte, mit einer ersten Phase, in der das Projekt als heroisch galt, und einer zweiten, in der es als lächerlich, kitschig und antiquiert abgetan wurde. Mittlerweile ist die Sagrada Familia längst Teil der Popkultur, die meisten besichtigen sie als den schrillen Traum eines seltsamen Schrats von Architekt. Sie wird bestaunt, sie wird bewundert, aber kaum jemand wird sie wohl je wieder so ernst nehmen können, wie es sich einst die Josephiner und ihr Baumeister Gaudí wünschten.

Dabei spielt der heilige Ernst durchaus noch eine Rolle. Erst 2003 reichte das Erzbistum Barcelona beim Vatikan eine mehr als tausendseitige Akte ein mit dem Gesuch, Antoni Gaudí bitte beizeiten seligzusprechen. Eine begleitende Unterschriftenkampagne der Initiative

E-Christians wurde von der katalanischen Landesregierung mit gut 100 000 Euro bezuschußt. Auf die Schnelle ist mit keinem endgültigen Bescheid zu rechnen. In der Zwischenzeit hat ein langwieriges Prüfungsverfahren begonnen, in dessen Verlauf wenigstens ein Wunder von Gaudís Hand nachgewiesen werden muß. Im Gutachten von 2003 war dieser Nachweis noch nicht erbracht. Aber der damalige Erzbischof von Barcelona Ricard Maria Carles sah das als geringeres Problem an. Bei der öffentlichen Vorstellung der Akte erklärte er, nach etwaigen Wundern befragt: »Das läßt sich später noch beweisen. Es gibt so viele Menschen, die Gaudí kennen, daß wir es mit Wundern von hier bis nach Japan zu tun haben werden.« Tatsächlich gehen bei der Associació Pro Beatificació regelmäßig Bekenntnisse von Gläubigen ein, die bereits zu Gaudí beten oder seine Hilfe erflehen bei der Heilung von Krankheiten oder der Suche nach einer neuen Anstellung. »Wir gehen davon aus, daß Gaudí in die Geschicke eingreifen kann«, hat José Manuel Almuzara gesagt, der Präsident der Vereinigung, »das ist es schließlich, was man von einem Heiligen erwartet.« In den tausend nach Rom übersandten Seiten ist bisher nur von Menschen die Rede, die versichern, sie seien durch eine Annäherung an Gaudís Werk zum Katholizismus konvertiert. Einer davon ist der japanische Bildhauer Etsuro Sotoo, der nun an der Sagrada Familia mitbauen darf und der selbst aktiv für Gaudís Seligsprechung eintritt. Ob sich ein solcher Glaubensakt der persönlichen Magie des Architekten verdankt, bliebe ebenfalls zu prüfen.

Allerdings steht schon ganz am Anfang von Gaudís Arbeit an der Sagrada Familia eine kuriose Geschichte, die gut zur Legendenbildung taugt. Man hat sich lange gefragt, wie damals ausgerechnet der relativ junge und unerfahrene Gaudí mit dem Bau des Bußtempels betraut werden konnte. 1884, als er das Projekt in die Hände bekam, war Gaudí erst 31 Jahre alt und hatte noch kaum etwas vorzuweisen. Angeblich soll er den obersten Josephiner, Josep Bocabella, bei einem Architektenkollegen kennengelernt haben. Bocabella sah Gaudí fasziniert in die stechendblauen Augen und sagte schließlich: »Dieser junge Mann wird der Architekt der Sagrada Familia sein.« Denn kurz zuvor hatte ein Mitglied von Bocabellas strenggläubiger Familie eben diese Vision gehabt – daß der Baumeister des neuen Tempels blauäugig sein werde. Diese Version der Geschichte stammt nicht etwa aus den Reihen der Josephiner, sondern von Josep Pijoan, einem bedeutenden katalanischen Kunsthistoriker, dem selbst leicht mulmig war bei dem Gedanken, sich auf übernatürliche Gründe beziehen zu müssen.

Zwischen Gaudís Verpflichtung als Architekt der Sagrada Familia und seinem Tod 1926 vergingen mehr als vierzig Jahre. Anfangs gab es den sogenannten *Modernisme* noch gar nicht, als dessen Aushängeschild Gaudí heute gilt. Am Ende war der Stil längst in Ungnade gefallen. Man hatte es jetzt lieber wieder etwas klassischer. In einer früh erschienenen Biographie stellte der Autor, übrigens ein Verehrer des Architekten, klipp und klar fest: »Das ewige Problem mit Gaudí war, daß niemandem seine Bauten gefielen. Nur traute sich keiner, ihm das ins Gesicht zu sagen, denn er hatte zugleich eine sehr gebieterische Art an sich. Und die gefiel natürlich auch niemandem.« Mittlerweile ist das Gesamtwerk in einem Maße rehabilitiert, daß sich das Problem mit dem Gefallen eher umgedreht hat: Heute kriegen Touristen ein schlechtes Gewissen, wenn es ihnen vor Gaudís Bauten an Begeisterung mangelt. Bei meinem letzten Besuch der Sagrada Familia sagte neben mir eine Deutsche zu ihrem Mann: »Aber irgendwie mag ich das Ding *doch* nicht.« Und ihrer Stimme war deutlich anzumerken, daß ihr das Geständnis nicht leicht fiel. Die Sagrada Familia gehört immerhin neben dem Prado in Madrid und der Alhambra in Granada zu den Top drei der spanischen Touristen-Magneten, und auch Gaudís andere Meilensteine, die Casa Milà, die Casa Batlló oder der Parc Güell, werden fast übereifrig besucht. Diese massive Nachfrage löst ohne Zweifel einen leichten Geschmacksdruck aus. Dabei wäre das Fremdeln angesichts all der Schnörkel, Schwünge und Wellen, der Blumen-, Baum- oder Tierornamentik doch durchaus verständlich. Sicher würden die meisten von uns vor einem ausgewachsenen Jugendstil-Revival entschieden zurückschrecken. Aber vor Gaudí soll nun plötzlich Ehrfurcht herrschen.

Er hat alle Ehrfurcht verdient. Nur braucht es vielleicht eine Weile, bis man den eigenen 21.-Jahrhundert-Geschmack erst einmal beiseite geparkt hat und der Blick ganz frei geworden ist für Gaudís Genie. Das steckt weniger im dekorativen Detail (darin aber auch) als in der strukturellen Phantasie. Zwei zentrale Begriffe lauten dabei hyperboloid und paraboloid. Daran ist leicht zu erkennen, daß man zur Erklärung der architektonischen Finessen nun etwas weiter ausholen müßte. Das lasse ich hier. Am besten schaut man direkt vor Ort nach. Im Dachgeschoß der Casa Milà wird vieles anhand von Modellen erläutert. Und auch im Untergeschoß der Sagrada Familia ist reichlich Material ausgebreitet. Dort kann man nebenbei den weitverbreiteten Eindruck korrigieren, die Kirche stünde in ihrer Grundstruktur bereits. Die zwei mal vier aufragenden Türme, von Postkarten her weltweit bekannt, markieren nicht etwa die Haupt- und die Rückfront, sondern nur die Seiteneingänge. Das Mittelschiff liegt quer dazu und wird später von einem Turm gekrönt sein, der die schon gebauten um einiges überragt. Der schlanke, trotz allen keramischen Schnickschnacks angenehm spröde Eindruck der bisher errichteten Türme wird sich damit stark relativieren, denn der mittlere Turm ist wesentlich voluminöser gedacht, ein fettes Teil im Vergleich zu den eleganten Zahnstochern von heute. Verläuft alles nach Plan, wird er 170 Meter hoch aufragen und die Sagrada Familia damit sofort an den Spitzenplatz unter den höchsten Kirchen der Welt katapultieren.

Gaudí setzte ganz bewußt auf den großen Effekt. Gott hatte schließlich nichts Geringeres verdient. Wer den Architekten damals auf die unabsehbare Bauzeit ansprach, dem entgegnete er gelassen: »Mein Auftraggeber hat keine Eile.« Gaudí war Megalomane – und zugleich ein bescheidenes Häufchen Mensch. Es ist bis heute niemandem gelungen, ihm auch nur eine einzige Liebesgeschichte nachzuweisen. Mutmaßlich warb er während seines ersten Bauprojekts, einer Fabrikhalle für eine Arbeitergenossenschaft, um eine junge Frau, wurde abgewiesen und ließ derlei Leidenschaften daraufhin für immer bleiben. In einer halbdokumentarischen Filmbiographie von 1988 hat Manuel Huerga Szenen aus Gaudís Leben wie einen Stummfilm nachinszeniert. Da sieht man den scheuen, vollbärtigen jungen Gaudí an die Tür der Verehrten klopfen. Er überrascht sie beim Tee mit einem anderen. Gebrochenen Herzens zieht er von dannen. Der folgende Zwischentitel lautet: »In der Verzweiflung wird ihm klar, wie leer das irdische Dasein ist.« Tatsächlich führte Gaudí mit der Zeit ein immer mönchischeres Leben. Wenn man vor dem schmalen, schmucklosen Bett steht, das heute noch in seinem ehemaligen Wohnhaus im Parc Güell zu besichtigen ist, dann will das einfach nicht zusammenpassen: die Farben- und Formenpracht von Gaudís Arbeit – und das unscheinbare, festgezurrte Leben dahinter. Als Architekt dachte er grenzenlos und ging weit über die Tradition hinaus. Als Mensch unterwarf er sich gnadenlos dem konservativen Katholizismus. 1894 brachte ihn eine Fastenkur sogar in Lebensgefahr. Zu dem Zeitpunkt hatte er seine brillanten Bauten für Barcelonas Großbourgeosie noch vor sich. Später, als er nur mehr an der Sagrada Familia werkelte, wurde die Spannung zwischen dem gewaltigen Geist des Architekten und seiner verschrumpelnden Existenz immer eklatanter. Gebeugten Schrittes, in abgewetzter Kleidung und mit schlohweißem Bart trottete er täglich zum Kirchgang in die Altstadt. Auf dem Weg ging er regelmäßig Leute um eine Spende für die Kathedrale der Zukunft an. Nebenbei knabberte er an einem Stück Brot oder etwas Obst. Einem damaligen Bekannten erschien er wie ein »Snob der Demut und des Elends«. Denn bei aller Bescheidenheit blieb er doch seinen hochfliegenden Überzeugungen treu. Es gibt eine Erinnerung des deutschen Architekten Paul Linder, der 1920 als Student nach Barcelona kam und Gaudí kennenlernen wollte. Zufällig ergab sich die Gelegenheit. Ein gemeinsamer Freund stellte Linder en passant dem alten Baumeister vor, und zwar als jungen deutschen Architekten. Gaudí sagte gleich zur Begrüßung: »Die meisten Deutschen sind anständige Menschen. Aber sie sollten sich nicht mit Kunst befassen. Sie verstehen viel von Technik und Mathematik, aber Kunst ist nicht ihre starke Seite. Und Architektur schon gar nicht.« Gaudí glaubte, daß der Mittelmeerraum die eigentliche Heimat der Kunst sei. Schon 300 Kilometer landeinwärts erlahme dagegen alle kreative Kraft.

1926 wurde Gaudí von einer Tram erfaßt und schwer verletzt. Keiner der Umstehenden erkannte ihn. Erst im Krankenhaus stellte man seine Identität fest. Kurz darauf starb er, als einsamer Verfechter eines längst aus der Mode gekommenen Wahnsinnsprojekts. Sein Revival hat er nicht mehr erlebt. Aber vielleicht ist das auch besser so. Denn zuerst groovten sich in den siebziger Jahren die Hippies auf seine scheinbar halluzinogene Architektur ein. Und schließlich verfiel kein Volk so sehr seinem magischen Werk wie die Japaner (siehe Etsuro Sotoo). Von bekifften Blumenkindern und Asiaten, deren Kultur Tausende Meilen vom Mittelmeerraum entfernt liegt, hätte sich Antoni Gaudí wahrscheinlich nur ungern wiederentdecken lassen.

Das D-Wort

Auf einem Streifzug durch Barcelonas Designkaufhaus Vinçon am Passeig de Gràcia lernte ich im Sommer 2005 Maria kennen. Sie lag vor mir im Regal, dezent von hinten beleuchtet. Das machte sie allerdings nicht attraktiver. Maria war ein grauer Gummiflatschen von der Größe einer Miesmuschel. Sie hatte gekrakelte Gesichtszüge und zwei Samenkörner als Augen. »Ich bin Maria«, sagte die Sprechblase auf der Bedienungsanleitung. Dort stand auch, daß Maria ein *Plant-Me-Pet* ist, ein Pflanz-mich-Tier. Wenn man sie eingraben würde, statt mit ihr herumzuspielen, dann machten sich die Samen irgendwann selbständig, und es wüchse vielleicht eine Marihuanapflanze aus der Erde (in Spanien zärtlich Maria genannt). Eine bizarre Idee: knapp zwanzig Euro für ein Stück Gummi auszugeben, um es anschließend zu vergraben – nur weil zwei Samenkörner draufgeklebt sind.

Man versteht den Gimmick eher, wenn man weiß, daß Marias »Erfinder« Martí Guixé ist, einer von Barcelonas bekanntesten Designern. Das macht den Flatschen zwar noch nicht schöner. Aber es hilft, sich einen Reim darauf zu machen. Man muß Maria wahrscheinlich als kleinen Anschlag des Designers auf das eigene Handwerk verstehen, als ein Stück Sabotage. Was wie ein blöder Scherz aussieht, ist in Wahrheit, nun ja, ein kluger Scherz, nämlich ein frecher Fall von Anti-Design. Statt etwas Bewundernswertes zu entwerfen, hat Guixé etwas Begrabenswertes entworfen. Und hat damit die Idee des »Designs« im Grunde gleich doppelt ad absurdum geführt: Erst bringt er das Objekt einfach zum Verschwinden; und dann läßt er auch noch die Natur über die Kultur triumphieren. Im besten Fall kann man sich später bekiffen. Der Designgedanke dagegen ist verraten und verpufft.

So lange hängt Barcelona nun schon der Ruf an, ein *Hotspot* des Designs zu sein, daß manchen Designern dabei unwohl geworden ist. Martí Guixé zum Beispiel nennt sich seit Jahren nur noch »Ex-Designer«. Er hat sogar T-Shirts, Strümpfe, Kaffeebecher und Anstecknadeln mit diesem Titel auf den Markt gebracht. Natürlich designt er trotz des »Ex-« munter weiter, etwa Läden für die politisch korrekte Schuhmarke Camper. Unter anderem geht der smarte Ethnolook von Campers erstem Ökoimbiß Foodball in Barcelona auf seine Kappe. Letztlich will Guixé auch gar nicht aus seiner Haut, sondern lieber weiter vom hervorragenden Ruf der Stadt als kleine Designmetropole am Mittelmeer profitieren. Nur würde er dabei gern, wenn's ginge, in Zukunft auf das verflixte D-Wort verzichten.

Und mit dieser Abneigung ist er nicht allein. Wer etwas auf sich hält unter Barcelonas »Gestaltern«, der pflegt heutzutage eine gewisse Distanz zum Begriff *diseño* beziehungsweise, auf katalanisch, *disseny.* Denn zuviel Schindluder wurde angeblich im Namen des Wortes getrieben; zu viele Trittbrettfahrer hätten nach dem Boom der achtziger Jahre mittelmäßiges Zeug produziert und schließlich die Euphorie empfindlich gedämpft; und noch immer gebe es keine Industrie, die sich ernsthaft für die Entwürfe aus Barcelona engagierte. Aber die Klagen werden natürlich flexibel der Situation angepaßt. Unter Eingeweihten leistet man sich ein paar standesgemäße Empfindlichkeiten. Offiziell dagegen preist man Barcelona durchaus als »Hauptstadt des Designs« in europäischem Maßstab. So sehen es jedenfalls die berufenen Strategen vom Foment de les Arts Decoratives, dem FAD, der angesehenen Standesorganisation von Designern und verwandten Kunsthandwerkern.

Die professionelle Positionierung Barcelonas (neben oder hinter London und Amsterdam? Vor oder neben Berlin und Mailand?) ist die eine Seite, der alltägliche Eindruck eine andere. Und da gilt unbedingt: Barcelona ist eine hochgradig gestylte Stadt und besitzt sogar eine Reihe von Restaurants, die man eigentlich gar nicht betreten möchte, damit der makellos formschöne Gesamteindruck keinen Schaden nimmt. Während ich diesen letzten Satz hinschreibe, fällt mir auf, daß er eigentlich nur eine Variation auf eine Karikatur ist, die ich irgendwann in einem schicken Barceloneser Magazin gesehen habe. Da wies ein Türsteher Gäste mit den Worten ab: In diesen Club lassen wir niemanden über vierzig, weil er sich schlecht in die Dekoration einfügen würde. Wobei ich nicht ungerecht sein will: Die sogenannte Türpolitik ist in Barcelona sehr liberal, und Altersschranken sind undeutlicher als anderswo. Die Frage des Gästedesigns wird also erfreulicherweise noch immer eher lax angegangen.

Und ich möchte gleich noch ein Stück zurückrudern. Wenn ich »hochgradig gestylt« sage, dann heißt das nicht, daß nun wirklich alles in der Stadt adrett angelegt, auf Hochglanz gebracht und erstickend durchdesignt ist. Man findet auch weiterhin überall Läden und Kneipen mit einer extrem nachlässigen Haltung gegenüber Einrichtungsfragen. Überhaupt sind ja die ganz gewöhnlichen spanischen Café-Bar-Mischungen wahre Hochburgen der Designverweigerung. Und nicht etwa, weil alle flüchtigen Gäste dort ihre Zuckertütchen umstandslos auf den Boden fallen lassen. Eher, weil im Rahmen der nachbarschaftlichen Basisversorgung mit Kaffee, Bier, Wein und anderen Grundnahrungsmitteln eine spezielle Ausstattung einfach nicht vorgesehen ist. Davon abgesehen gibt es natürlich ganze Produktbereiche, die ihre traditionelle Design-Resistenz nach wie vor aufrechterhalten, etwa die Souvenirindustrie. Niemand wird also bis auf weiteres befürchten müssen, daß er sich in Barcelona nur noch als Statist in einer nicht enden wollenden »Wallpaper«-Trendreportage fühlt.

Allerdings: Wem diese Rolle gefällt, der braucht sich nur eine Tour mit den entsprechenden Hotels, Clubs und Shops zusammenzustellen. Denn es gibt von allem reichlich.

Also sagen wir es folgendermaßen: Die Stadt ist nicht von vorne bis hinten durchgestylt. Es herrscht aber doch eine erhöhte Sensibilität für Designfragen. Die Geschmacksnerven vieler Barceloneser sind besonders geschult. Damit müssen alle Einrichter und Designer rechnen, und so schaukelt sich das Niveau mit der Zeit eben wie von selber hoch. Es ist nicht ganz klar, woher dieser sechste Sinn kommt. Aber der *Modernisme* und, auf einer anderen Ebene, das dynamische Bürgertum mit seinem Drang zur Selbstbehauptung gegenüber der verstockten Madrider Monarchie waren an seiner Herausbildung sicher nicht unschuldig. Während des *Modernisme* fackelte jedenfalls bereits eine ganze Generation von Kunsthandwerkern wahre Feuerwerke gestalterischer Extravaganzen ab. Und Gaudí kann, auch seiner Möbel wegen, getrost als Spaniens Proto-Designer gelten. Die damalige Mode war zwar nur kurzlebig. Doch auch in der späteren Abneigung gegen alles modernistische Ornament steckt ja noch ein ordentliches Geschmacksurteil.

Das Fundament war also gelegt, und die Kreativität katalanischer Designer brach auch während der Diktatur nicht ab. Aber erst als Franco starb und die Jungen endlich einmal richtig modern sein durften, da brach der große Gestaltungswille wieder neu hervor. In Madrid ging es damals wilder, in Barcelona schicker zu. Oder um es mit einem Barceloneser Architekten zu sagen, der damals reges Städtehopping betrieb: »In den Madrider Bars hatte man in der Regel mehr Spaß. Aber ums Design machte sich dort niemand Gedanken.« Das war in Barcelona anders. Und als ausländische Reporter begannen, regelmäßig Reportagen über Spaniens neue Szenekultur zu veröffentlichen, da tauchten im Bildteil eben immer wieder Barcelonas neueste Clubs mit ihren extravaganten Einrichtungen auf: das Nick Havanna mit seinem dröhnenden metallischen Postmodernismus; das Velvet mit seiner Mischung aus *Industrial Chic* und Fünfziger-Jahre-Glamour; das Torres de Ávila mit seinem verspielten und verglasten Neo-Medievalismus.

Die Läden von damals, so es sie noch gibt, gelten heute natürlich als voll unhip. Für ein Revival braucht's noch seine Zeit. Fraglich, ob sie es überhaupt erleben werden. Im Grunde müßte man zwei oder drei von ihnen rechtzeitig unter Denkmalschutz stellen. Das Velvet zum Beispiel. Es konserviert auf fast gespenstische Weise den gelackten Charme einer Achtziger-Jahre-Disco. Bei meinem Zufallsbesuch hatte ich das Glück, der erste Gast zu sein. So störten keine Gestalten aus dem 21. Jahrhundert den Gesamteindruck. Es lief sogar der passende Syntheziser-Pop von vorgestern. Schaurig. Aber als Instant-Zeitreise wirklich bezaubernd.

Wenn heute alle Welt den vagen Eindruck hat, daß man in Barcelona eine Menge von Design versteht, dann hat das wahrscheinlich weniger mit gediegenen Designer-Größen der letzten Jahrzehnte wie Oscar Tusquets oder Jorge Pensi und ihren stilvollen Möbeln zu tun als mit mancher bizarren Discothekengestaltung. Noch heute können gestandene Katalanen über der Erinnerung an verrückte Toilettenentwürfe der achtziger Jahre ins Schwärmen geraten. Und ich möchte zu ihrem Gunsten annehmen, daß sich diese Begeisterung nicht hauptsächlich dem damaligen Kokaingenuß verdankt.

Als seinerzeit die Euphorie hätte abklingen können, stand plötzlich Olympia ins Haus, und Barcelonas Gestalter nahmen sich das Monsterevent bis in die feinsten Verzweigungen hinein vor. Jeder Fackelstab und jeder Ballkorb wurde rigoros überdacht, und es gab sogar ein frisch designtes Brot in Hockeyschläger-Optik (das auf Nichteingeweihte freilich nur wie ein Phallus wirkte). Mittlerweile wußte man ja, was ausländische Reporter für das Image einer Stadt und ihrer Kunsthandwerker tun konnten. Und sie taten es. Noch einmal. Denn Barcelona machte einfach immer eine gute Figur: tagsüber im Stadion ebenso wie nachts an der Theke.

Der Kater kam erst später, als haufenweise junge Talente aus den eilends gegründeten Design-Akademien strömten, aber nur wenige mehr zu bieten hatten als neue Versionen veralteter Verspieltheiten. Man nannte das seinerzeit *mariscalismo*, in Anspielung auf die Vorbildfigur, den extrem verspielten Stardesigner Javier Mariscal. Und man fing langsam an, das ehemalige Edelprädikat *de diseño* nur mehr ironisch und etwas abschätzig zu benutzen. Parallel dazu begannen die Touristen zu strömen. Viele brachten ein Auge fürs Design mit. Andere wollten mit diesem Auge sogar Arbeit finden. So sind schließlich neue Studios entstanden, in denen Kreative aus verschiedenen Ländern sitzen und von Barcelonas brillantem Ruf profitieren. In diesen Studios werden nun zum Beispiel schwedische Autos, japanische Fernseher oder amerikanische Corporate Identities entworfen. Bizarr ist davon nicht mehr viel. Dafür bringt es viel mehr Geld als jedes schräge Einzelstück fürs coole Clubklo.

Am Ende hat das Design nicht nur Gegenstände neu geformt, sondern auch Gedanken. Jedenfalls in Barcelona. Als das FAD 2003 seinen hundertsten Geburtstag beging, wurde gleich ein ganzes Designjahr abgefeiert. Auf Plakaten hieß es im Untertitel »das Jahr von fast allem«. Denn irgendwie, sagten die FAD-Leute, ist doch fast alles, von der Büroklammer bis zum Bordstein, von der Fahrkarte bis zum Fahrkartenautomaten, irgendwann einmal so oder so gestaltet worden. Und jede Gestaltung macht unser Leben entweder schöner, besser, leichter – oder eben nicht. So erlebt das Design mittlerweile eine Art zweiten Boom. Weniger durch neue Objekte als durch ein immer offeneres Designverständnis. Man könnte allerdings auch sagen: Der Barceloneser *bonisme*, die lokale Neigung zum Gutmenschentum, ist nun sogar bis ins Formbewußtsein vorgedrungen. Denn in den letzten Jahren war viel von der »ethischen Dimension« des Designs die Rede. Ganz in diesem Sinne widmete das FAD eine seiner Jubiläumsausstellungen dem Design von Notunterkünften. Und als 2005 die Amtszeit des überaus erfolgreichen FAD-Direktors Juli

Capella endete, rief er dazu auf, »mit gutem Design die Welt zu verändern«. Ein Mammutprojekt in diesem Geiste ist womöglich das »Weißbuch der Straße«, ein fünfbändiges Werk, das das FAD jüngst für die Stadtverwaltung erarbeitete. Darin wird der öffentliche Raum unter Design-Aspekten gehörig durchanalysiert: wohin mit den Papierkörben, den Parkbuchten, den Verkehrszeichen, der Werbung? Wie soll das alles künftig aussehen? Und womit ist dem Mann auf der Straße wirklich gedient?

Wenn nicht nur genug Geld für das Buch, sondern auch für alle Verbesserungsvorschläge da wäre, dann dürfte sich Barcelona bestimmt bald zu den durchdesigntesten Städten der Welt zählen – und hätte sich ein Siegel für besonderen Bürgersinn verdient. Aber bis dahin wird bestimmt noch manche edel gestaltete Lounge mit experimenteller Toilette Europas Hipsterherzen schneller schlagen lassen.

Im Windschatten des Highlife-Designs buddeln inzwischen auch die Maulwürfe weiter, Barcelonas »Ex-« und »Para-« Designer, deren Werke zwar selten in Serie gehen, deren Ruf als subversive Elemente aber auch viel gilt. Zu dieser *pandilla basura*, dieser »Müll-Clique«, wie Juli Capella sie liebevoll nennt, gehören neben Martí Guixé auch Ana Mir & Emili Padrós, zusammen als Emiliana am Markt. Ana Mir hat so lustige Dinge wie Kekse mit Brustwarzenkringeln oder Tampons in Fingerform entworfen. Als ihr »Anti«-Meisterwerk kann wohl eine Kollektion weißer Badkacheln durchgehen, auf die jeweils irgendwo mit feinstem

Strich ein verstreutes Schamhaar gezeichnet war. Fies und raffiniert zugleich. Enttäuschend allerdings, daß man Spaniens künftigem Königspaar bei seinem FAD-Besuch 2004 keinen dieser sinnlichen Gimmicks zum Geschenk machte. Statt dessen bekamen Felipe und Letizia aus dem Emiliana-Sortiment je ein Paar Hausschuhe überreicht. Soviel zu den Grenzen des Barceloneser (Anti-)Designs.

Wohnen mit Mehrwert

Eines Tages hatte das Fieber auch meinen Freund Peter erwischt. Dabei war er mir immer besonders widerstandsfähig erschienen. Seine Mitbewohnerin ziehe aus, sagte er. Und er habe nachgedacht: Statt mit dem nächsten Mitbewohner wie bisher die Miete zu teilen, werde er wohl den Preis des freien Zimmers etwas anheben. Wenn er sehe, was sonst so gängig sei, dann halte er 350 Euro statt 320 für ein durchaus korrektes Angebot. Selbst 380 lägen noch im Rahmen. Er habe allerdings auch andere Möglichkeiten einmal durchgespielt. Wenn er sein Arbeitszimmer mit dem Schlafzimmer zusammenlege, dann könne er womöglich gleich zwei Zimmer vermieten. Ins bisherige Arbeitszimmer passe zwar nur ein Singlebett, aber er wolle sich ja ohnehin keine sex- und partyorientierten Bummelstudenten ins Haus holen. Studenten aus dem Ausland, die für einen Intensivkurs an eine der Wirtschaftshochschulen kämen, seien ihm lieber. Die brächten in der Regel auch das nötige Geld mit. Und apropos Ausland: Er könne das freie Zimmer natürlich auch Touristen anbieten, nächteweise. Schon ab zehn belegten Tagen im Monat rechne sich das Konzept. Er müsse dann nur den größten Teil der Wohnung wegschließen. Den Touristen blieben Vorflur, Bad und Zimmer – aber das reiche doch, oder?

Wie gesagt: es hatte ihn erwischt. Es bedurfte nur eines winzigen Stücks disponiblen Wohnraums, und schon entzündete sich daran eine ausgewachsene Phantasie über mögliche Gewinnchancen. Peter beklagte zwar regelmäßig die Unsitten des Kapitalismus und insbesondere die unverschämte Profitgier seiner Barceloneser Handlanger, denn zu solchen Klagen gab es immer wieder Anlaß. Nur stand er plötzlich einen Fußbreit auf der anderen Seite. Und wie fast alle versuchte er gleich, das Beste daraus zu machen. Er nahm übrigens schließlich einen Mitbewohner aus den USA auf, einen Jurastudenten. Den ließ er 400 Euro zahlen, wodurch sein eigener Mietanteil auf 240 Euro sank. Einen Rest schlechten Gewissens konnte er freilich nicht abschütteln. Deshalb bekräftigte er allen eingeweihten Freunden gegenüber ungefragt, er wolle im Gegenzug für die Mehreinnahmen aber auch die gesamten Strom- und Wasserkosten der Wohnung allein übernehmen.

Es wird niemanden wundern, wenn ich sage, daß die Wohnungsfrage in Barcelona eine zentrale Frage ist. Gilt das nicht für alle größeren Städte? Und doch kommt es mir manchmal so vor, als stiegen aus dem Barceloneser Sumpf ganz besonders fette Spekulationsblasen auf. Vielleicht hängt das auch damit zusammen, daß mich Eduardo Mendoza sensibilisiert hat. Mendozas großer Barceloneser Entwicklungsroman »La ciudad de los prodigios« (den es auch auf deutsch gibt: »Die Stadt der Wunder«) gehörte zu den ersten Büchern, die ich nach meiner Ankunft las. Darin findet sich unter anderem eine großartige Schilderung der spekulativen Raserei, die nach dem Schleifen der einschnürenden Stadtmauern ums neuerschlossene Eixample tobte – um das Bauland, die Häuser, die Parzellen, die Wohnungen, um die letzten Löcher. »Wer dieses Phänomen, dieses Fieber verstehen will«, schreibt Mendoza in einem dramatischen Abriß der Ereignisse, »muß sich daran erinnern, daß die Barceloneser zu einer sehr handelsfixierten Rasse gehörten und daß sie seit Jahrhunderten daran gewöhnt waren, wie Flöhe auf kleinstem Raum zu hausen. An sich galt ihnen das eigene Zuhause ganz und gar nichts. Selbst für den Komfort eines Harems hätten sie keinen Finger gerührt. Doch die Aussicht, mit Hilfe eines von ihnen erworbenen Wohnraums binnen kurzer Zeit einiges Geld verdienen zu können, die erregte sie. Diese Aussicht war ihr Sirenengesang.« Jeder spekulierte, so gut es ging. Die industrielle Revolution war dafür eine gute Zeit. Und weil Barcelona danach noch manches Mal und immer wieder ausdauernd boomte, blieb vielen Bürgern ihr spekulatives Talent erhalten. Das Nachsehen hatten meist die Neuankömmlinge. Sie machten den schlechtesten Schnitt, und manchmal gar keinen. Bis in die 1970er Jahre hinein gab es in Barcelona ausgedehnte Barackensiedlungen. Da hausten diejenigen in selbstgezimmerten Hütten, die sich nicht einmal eine kleine Mietwohnung leisten konnten. Und selbst hier herrschten gelegentlich halboffizielle Immobilienmafias, die willkürlich abkassierten für das Nutzungsrecht eines eigenen Verschlags. Nach dem Abriß der Siedlungen wurden die Bewohner auf schlampig hochgezogene Neubaugebiete wie Bellvitge oder La Mina verteilt, an deren Instant-Aufbau sich wiederum die Spekulanten rücksichtslos bereicherten. Einer von Manuel Vázquez Montalbáns Romanen um den Barceloneser Detektiv Pepe Carvalho, »Die Meere des Südens«, handelt davon, daß ein reuiger Immobiliengewinnler aus Barcelonas Oberstadt ein neues Leben in einer der von ihm schäbig und halb verbrecherisch geplanten Trabantenstädte anfangen will. Er kommt dabei um – selbstverständlich. So will es jedenfalls der Plot. Im wirklichen Leben wäre es natürlich nicht einmal zur Reue gekommen.

Von 1994 bis 2004 haben sich die Immobilienpreise in Barcelona verdoppelt (bei Erstbezug) und verdreifacht (bei Altbestand). Die Katalanen mieten wie alle Spanier eher ungern, sie kaufen in der Regel. Bisher hat sich an dieser Mentalität auch nur wenig geändert, obwohl die Hypotheken mittlerweile für viele zu einer furchtbaren Last geworden sind. Fast 40 Prozent der jungen Leute zwischen 25 und 34 leben nach wie vor bei den Eltern, die meisten vermutlich, weil weder sie noch die Familie eine akzeptable Bleibe vorfinanzieren können. In jedem

Bekanntenkreis kursieren Geschichten über die Glücks-
käufe der anderen, früher (»Eugenias Wohnung ist jetzt
schon doppelt soviel wert wie vor sechs Jahren. Hätte
doch auch ich damals gleich zugeschlagen!«); Kollegen
rechnen vor (»Wenn ich und meine Frau die neunzig
Quadratmeter kaufen würden, müßten wir bis 2040
abzahlen«); Freunde rechnen nach (»*Noch* weiter können die Preise eigentlich nicht steigen. Aber das sage ich
ja schon seit fünf Jahren...«).

Wer wie ich zur Miete wohnt, der kommt um manchen kapitalen Bauchschmerz herum. Es sei denn, er
träumt auf Dauer vom Kauf und empfindet in der Zwischenzeit die Miete nur als rausgeschmissenes Geld. So
empfinden viele Spanier. Deshalb gilt, wer eine Mietwohnung sucht, oft tendenziell als verdächtig: als unsi-
cherer Kandidat, der bei Erreichen der Solvenzgrenze
das Weite sucht und die geliehene Wohnung bis dahin
schlecht behandelt. Mehrfach haben Makler mir gesagt:
»Hier wird auf Mietwohnungen nicht so achtgegeben
wie in Deutschland. Sie sollten die Sauställe sehen, die
wir manchmal betreten müssen.«

Als Deutscher hat man in Barcelona einen kleinen
Standortvorteil. Die geistige Nähe der Katalanen zu den
deutschen Tugenden sorgt für etwas mehr Vertrauen.
Das hat mir bei meinem ersten Hauptmietvertrag tatsächlich geholfen. Für den konnte meine Frau gar keine
und ich lediglich eine gefälschte Verdienstbescheinigung
vorlegen; außerdem wäre mein deutsches Konto im
Ernstfall der spanischen Gerichtsbarkeit nur schwer zu-
gänglich gewesen. Der Vermieter war trotzdem felsen-

fest davon überzeugt, daß ich die Miete stets pünktlich überweisen würde. Klar, daß die wenigsten Ausländer so zuvorkommend behandelt werden. Manchen Vermietern ist schon ein südamerikanischer Akzent am Telefon Grund genug, den Anrufer abzuwimmeln. Meine kubanische Freundin Sabina hat sich darüber einmal so sehr aufgeregt, daß sie Genugtuung wollte. Sie ließ eine katalanische Freundin auf die gleiche Anzeige hin anrufen und sich als Hausangestellte der Gräfin Almendares ausgeben. Die Gräfin, so wurde dem Makler bedeutet, sei an einer kleinen Stadtresidenz interessiert. Der Makler verabredete gleich einen Termin, zu dem Sabina in einem ihrer aufregenden klassischen Kostüme und mitsamt ihrer »Hausangestellten« erschien. Die Gräfin wurde ihrem Stande entsprechend behandelt und erhielt eine überaus detaillierte Führung. Der Deal kam dennoch nicht zustande. Sabina bemängelte am Ende, der Wohnung fehle offenbar ein separater Dienstboteneingang; so komme sie leider für ihre Bedürfnisse nicht in Frage.

Ich habe keine Ahnung, was ein echter Adelstitel im Augenblick der Vertragsunterzeichnung wert sein kann. Verdienstbescheinigungen allein jedenfalls machen nicht mehr allzuviel her. Mittlerweile ist der *aval* in Mode gekommen, eine Bankbürgschaft über den Betrag von bis zu zwölf Monatsmieten. Das Geld muß man festlegen, und für den Fall, daß man sich in einen Vandalen verwandelt, hat dann einzig der Vermieter Zugriff darauf. Das Ärgerliche ist, daß diese aufgeblähte Mietsicherheit nur in Ausnahmefällen Zinsen abwirft. Im Gegenteil:

Viele Banken berechnen für die Einrichtung eines *aval* vierteljährliche Verwaltungsgebühren, und einige schlagen dann gleich noch eine völlig rätselhafte »Sicherheitsgebühr« obendrauf. Mit anderen Worten: Man liefert der Bank Tausende von Euro aus, und während sie damit herumspielt, muß man noch regelmäßig draufzahlen. Das ist wahrhaftig zum Zähneknirschen.

Der Markt hat sich in mancherlei Hinsicht verschärft. Bis 1985 waren kräftige Mieterhöhungen nur schwer durchzusetzen; danach wurden die Gesetze geändert. Heute schließen Vermieter nur noch Fünfjahresverträge ab. Innerhalb dieser Zeit steigt die Miete gemäß der offiziellen Lebenshaltungskosten. Danach wird neu verhandelt. Gegen einen Vermieter, der nun plötzlich 40 oder 50 Prozent mehr verlangte, wäre man machtlos. Nur an die Alten, die noch einen der früheren, unkündbaren Verträge zum Billigtarif besitzen, ist kein Herankommen, jedenfalls nicht auf legalem Weg. Immer häufiger werden sie deshalb gewaltig unter Druck gesetzt. Seit ein paar Jahren gibt es dafür im Katalanischen den Begriff *mobbing immobiliari*. Die Stadtverwaltung nimmt in ihren Bürgerbüros entsprechende Klagen entgegen.

Fast jede Bevölkerungsschicht, möchte man annehmen, hat es mit einer eigenen Form von Ausbeutung zu tun. Und kaum jemand scheint den Krallen der Wohnungsspekulation zu entkommen. Während sich die frisch Eingewanderten aus der Dritten Welt mitunter in illegalen Pensionen sogenannte *camas calientes* teilen, »warme Betten«, die im Schichtbetrieb belegt und ver-

mietet werden, können sich Zugezogene aus wohlha-
benderen Ländern in der Regel bequemer positionieren. In die *Ciutat Erasmus* zieht es nicht nur massenweise
Gaststudenten, sondern auch viele andere Youngster aus
der EU, den USA oder Japan. Viele davon suchen nach
pisos compartidos, nach WGs. So ging es mir anfangs auch,
obwohl ich schon gut über dem Altersdurchschnitt des
gewöhnlichen WGlers lag. Damals wunderte ich mich,
daß sich die potentiellen Mitbewohner manchmal kaum
für die Bewerber interessierten. Bis ich bemerkte, daß
über die Neubelegung eines freien Zimmers oft nicht
demokratisch entschieden wurde, sondern von einer Art
WG-Agent. Das konnte der Hauptmieter oder der
Besitzer sein, der inzwischen ausgezogen war und die
Wohnung nur noch »arbeiten« ließ. Oder auch ein alternativer Kleinhai, der gleich mehrere Wohnungen
betreute und von der Gewinnspanne zwischen den tat-
sächlichen Mieten und der Summe der Zimmereinnah-
men lebte.

Ich zog gemeinsam mit einem italienischen Jura-Re-
ferendar bei einem arbeitslosen katalanischen Schauspieler im Eixample ein. Der Katalane bewohnte den
einen Flügel der Wohnung, die beiden Ausländer den
anderen. Mittlerweile bin ich mir sicher, daß der Katalane die Gesamtmiete von jenen zweimal 280 Euro be-
stritt, die der Italiener und ich ihm »beisteuerten«. Fünf
Monate später zog ich nach Gràcia, zu einer britischen
Inderin beziehungsweise in die von ihr gemietete Wohnung. Sie selbst hatte nun einen Job in London, mochte
aber den Stützpunkt in Barcelona nicht aufgeben und

vermietete also die drei kleinen Zimmer ihres Appartements. Irgendwann bekam eine meiner beiden Mitbewohnerinnen Streit mit ihr, worauf sie mit nächtlichen Visiten ihrer Barceloneser Freunde drohte. Daraufhin ermittelten wir, wem die Wohnung tatsächlich gehörte, und baten die Besitzer, das Schloß auswechseln zu dürfen. Die Besitzer waren bald auf unserer Seite. Nebenbei erfuhren wir, daß unsere Untervermieterin monatlich 450 Euro Miete zahlte. Wir erzählten, daß wir drei dagegen insgesamt 1000 Euro an sie weiterreichten. Was für eine Bereicherung! Eine Frechheit, nicht wahr? Da waren die Barceloneser Eheleute nun aber anderer Meinung. »Sie verdient eben ein bißchen Geld mit der Wohnung. Das ist doch ganz normal.«

Vielleicht sollte ich mir also die neue Mietkalkulation meines Freundes Peter nicht so zu Herzen nehmen. Er ist letztlich nur ein ganz kleiner Fisch. Und noch hat er sein Arbeitszimmer nicht gegen die vermietbare Singlematratze eingetauscht. Er widersteht der Versuchung im Grunde sogar mit einiger Würde. Jetzt warte ich, daß es irgendwann auch mich erwischt. Auf Dauer, glaube ich, kommt man gegen den Virus nicht an. Irgendwann wird er die Moralreserven aufgezehrt haben. Dann kann es endlich ans Geldverdienen gehen. Ich muß mich allerdings mit meiner Frau einigen, ob wir aufs Arbeitszimmer verzichten – oder lieber ein ernstes Wort mit unserer Tochter reden und das Kinderzimmer leerräumen.

Das dekonstruierte Tomatenbrot

Meine erste Begegnung mit der katalanischen Küche verlief unglücklich. Ich war gerade aus Granada nach Barcelona gekommen. In Andalusien hatte ich jeden Morgen geröstetes Brot mit frisch darauf verriebener Tomate, viel Olivenöl und etwas Salz gegessen. Das konnte man in jedem Café und in jeder Bar bestellen, und es war in der Regel wunderbar. Bei diesem Frühstücksbrauch sollte es bleiben. Wie gut, daß eine von Barcelonas zentralen Spezialitäten genau zu diesem Wunsch paßte: *Pa amb tomàquet* ist schließlich nichts anderes als »Brot mit Tomate«. Als ich das in einem Café nahe der Markthalle Santa Caterina bestellte, fragte der Wirt: »Gut, Brot mit Tomate. Und mit *was*?« – Ich kam ins Stocken. »Mit Olivenöl natürlich.« – »Natürlich«, sagte er, »aber mit was *noch*?« Jetzt stutzte ich wirklich. »Reicht das nicht?« Er schlug vor, zusätzlich Schinken,

Käse oder ein paar Anchovis zu ordern. Ganz allein sei das Brot doch etwas kärglich. Ich mußte ihm schließlich recht geben. Denn die Schnitten, die kurz darauf vor mir lagen, machten wirklich einen eher armseligen Eindruck. Im Vergleich zu ihrer andalusischen Version mangelte es ihnen eindeutig an Substanz: Statt des roten Fruchtfleisches war von der Tomate nur ein bißchen blaßroter Saft bis aufs Brot gelangt. Ich bestellte rasch Schinken nach und beschloß, künftig zu Hause zu frühstücken.

Pa amb tomàquet ist eine Art katalanisches Nationalheiligtum. Womöglich erfüllt also der erste Absatz dieses Kapitels bereits den Tatbestand der üblen Nachrede. Insofern möchte ich einlenken. Auch wenn ich nach wie vor der Meinung bin, daß sich das andalusische Tomatenbrot besser zum Frühstück eignet, so erkenne ich doch inzwischen die eigene Größe des *pa amb tomàquet* an. Das verdankt sich unter anderem dem Besitzer einer kleinen Pension im mittelalterlichen Städtchen Montblanc südlich von Barcelona. Der stellte sich beim Abendessen an meinen Tisch und wollte den Gast aus der Fremde partout initiieren: hier das geröstete Brot; als erstes reiben Sie mal mit einer halben Knoblauchzehe darüber; jetzt die Tomate – bitte folgendermaßen halbieren und dann den Saft aufs Brot reiben; nicht die Rinde vergessen! Nun ein wenig Salz; und schließlich das Öl, nehmen Sie reichlich, es ist eine milde Sorte. Und fertig! Der Wirt stand immer noch am Tisch, jetzt leicht zurückgelehnt, in Erwartung meiner Reaktion. Und wirklich, mit dem richtigen Brot, den richtigen

Tomaten, dem passenden Öl und etwas Knoblauch: hervorragend. Der Wirt lächelte dem frisch Eingeweihten zufrieden zu und schickte gleich hinterher: »In Deutschland eßt ihr, um zu leben; hier leben wir, um zu essen.« Dann schwenkte er übergangslos von den Vorzügen der katalanischen Küche auf die Vorzüge des katalanischen Volkes um, beschwor kurz dessen hartes Schicksal und war bereits dabei, auf den Madrider Zentralismus zu schimpfen, als seine Frau aus der Küche herüberrief: »Carles, hältst du wieder Vorträge...?«

Ich hatte immerhin das *pa amb tomàquet* von seiner besten Seite kennengelernt. Besser gesagt: von einer seiner besten Seiten. Denn bei den Feinheiten gehen die Ansichten auseinander: das Brot geröstet oder nicht? Knoblauch – Fluch oder Segen? Tomate auf beide Brotseiten auftragen? Es gibt sogar ein Buch (von Leopoldo Pomés) zur »Theorie und Praxis des *pa amb tomàquet*«. Ohne sich darin zu verlieren, kann man festhalten: Auf Barcelonas Straßen läßt die Praxis einiges zu wünschen übrig und hat mit der reinen Lehre, welcher auch immer, meist nur wenig zu tun. Dazu trägt natürlich bei, daß Tomaten mit der wünschenswerten Saftigkeit heute kaum noch erhältlich sind.

Vielleicht spielt das *pa amb tomàquet* in der Mythologie der katalanischen Küche deshalb eine so wichtige Rolle (Manuel Vázquez Montalbán hat es einmal ihr »Flaggschiff« genannt), weil es deren Stolz und Bescheidenheit zugleich verkörpert. Zeugt es nicht von Demut, ein so schlichtes Gericht zum Aushängeschild einer ganzen Region zu machen? Aber ist es nicht auch eitel, zu meinen, daß hierzulande schon Brot und Tomate für ein kleines Festmahl reichen!? Beides hat wohl mit dem sogenannten *culto al producto* zu tun, der Verehrung für das einzelne, das gute Lebensmittel an sich. Diese Verehrung ist in Spanien überhaupt weit verbreitet und wird dort, wo die spanische Küche am besten ist, in Katalonien und im Baskenland, natürlich am intensivsten gepflegt. Das junge Barceloneser Forschungszentrum Alicia – der Name verbindet *alimentació* und *ciència*, Ernährung und Wissenschaft – arbeitet sogar an einer großangelegten Inventur sämtlicher katalanischer Arten und versucht dabei unter anderem ein paar einheimische Tomatensorten vor dem Aussterben zu bewahren. Das ist zweifellos ein schönes Projekt. Und in Barcelona ist es noch einmal mehr wert. Denn es tritt für ein schmackhaftes Stück katalanischer Identität ein, das inmitten all des großstädtischen *world* und *fusion food* leicht verlorengehen könnte.

Von der Artenverknappung einmal abgesehen gibt es allerdings kaum Grund zur Klage. Die katalanische Küche steht derzeit in höchstem Ansehen, ihrer neuen Avantgarde, aber auch einer Renaissance der alten Schule wegen. Die begann kurz nach Francos Tod, und zwar mit einem Buch von Manuel Vázquez Montalbán über »Die Kunst des Essens in Katalonien«. Das versprach im gewichtigen Untertitel eine »Chronik über die Widerstandskraft von Kataloniens gastronomischer Identität«. Und weil das Volk ja ohnehin gerade wieder zu sich fand, hatten viele das Gefühl, eine Rückbesinnung am Herd gehöre einfach mit dazu: Der Mensch ist, was er ißt – auch der Katalane. Die kulinarische Mobilisierung hatte Erfolg. Das heimische Festmahl oder der Restaurantbesuch konnten nun zugleich als Akt praktizierten Patriotismus' begriffen werden. Das machte auch den Klasse-Köchen Mut. Sie lösten sich von der Fixierung auf Frankreich, wandten sich dem lokalen Erbe zu und stellten damit schließlich immer aufregendere Dinge an. So wurde geboren, was Insider heute elegant mit »CCC« abkürzen: die *cuina catalana contemporània*, eine sehr raffinierte und oft furchtbar teure Angelegenheit.

Bei alldem habe ich noch gar nichts Genaueres zur klassischen katalanischen Küche gesagt. Um nicht vom Hundertsten ins Tausendste zu kommen: Im Grunde handelt es sich um die Kombination aus einer leichteren mediterranen Küche (auf Olivenöl-Basis und zum Fisch hin orientiert) und einer schwereren, bäuerlichen Inlandsküche (auf Fettbasis und zum Schwein hin orientiert). Das Rind kommt dabei eigentlich kaum vor, eher schon Lamm und Hase. Vom Schwein dagegen sind die verschiedenen Würste, die *botifarras*, so prominent, daß sie sogar das katalanenfeindliche Schimpfwort *botifarrista* inspiriert haben. Dabei wäre es ungerecht, den Katalanen einen geschmacklichen Horizont zu unterstellen, der über die traditionelle Hausschlachtung kaum hinausreicht. Im Gegenteil: Zu den Standards der Landesküche gehört das Prinzip *mar i muntanya*, Meer und Berg. Das heißt, Fisch und Fleisch finden auf dem gleichen Teller zusammen. Das kann zu überraschenden Begegnungen führen, etwa von Huhn und Languste,

Schweinsfüßen und Garnelen oder Wildschwein und Lachs. Ich finde solche Paarungen immer hochgradig anziehend. Aber manchmal bleibt der Geschmack eben doch hinter der Originalität zurück. Dann wünschte man sich die Languste lieber wieder alleine, im Vollbesitz ihres eigenen Saftes.

Auf jeden Fall sind die Katalanen durch das Wechselspiel mit *mar i muntanya* bestens auf die erweiterten Kombinationskünste der neuen Küche vorbereitet worden. Vielleicht hat das dazu geführt, daß nun selbst die Spitzenköche Anleihen bei der Volksküche machen. Ich erinnere mich zum Beispiel an ein edles Mousse aus *botifarra negra* (Blutwurst) mit Apfel und Kartoffelschaum. Oder an ein Tintenfisch-Sautée mit Blutwurstscheiben. Das stammte von Paco Guzmán, einem meiner Lieblingsköche. Guzmán habe ich mal in einer Gesprächsrunde zum Boom der CCC, der neuen katalanischen Küche, reden hören. Nachdem seine Kollegen einmal mehr die Treue zu den regionalen Zutaten beschworen hatten, sagte er: »Diese Treue ist ja schön und gut. Aber viele unserer ›regionalen‹ Zutaten müssen wir mittlerweile von weit her holen – die Pilze aus Osteuropa, die Garnelen aus Schottland…« Und gleich noch eine kleine Erinnerung zum Thema: Als ich einmal mit Toni Massanés, dem Direktor von Alicia (die mit der Inventur aller katalanischen Sorten) zum Mittagessen zusammensaß, sagte er: »Unsere Inventur ist wichtig. Aber die Treue zur Zutat hat mit der Kochkunst nichts zu tun. Kochen bedeutet grundsätzlich, Zutaten zu manipulieren und alles mögliche mit ihnen anzustellen.« Er hatte recht und wurde gleichzeitig widerlegt. Denn unsere Speisenfolge begann mit nichts anderem als etwas Brot und einem Schälchen besten katalanischen Olivenöls zum Tunken. Das war der *culto al producto* in Reinform.

Beim Kult ums Produkt muß ich außerdem die »Kathedrale der Sinne« erwähnen. So hat Vázquez Montalbán Barcelonas berühmte Markthalle Boqueria an den Ramblas genannt. Dort gibt es das beste Rohmaterial zu kaufen, und das Angebot ist tatsächlich verehrungswürdig breit. Dabei werden so unauffällige katalanische Spezialitäten wie weiße Bohnen aus Santa Pau oder Kalbfleisch aus den Pyrenäen natürlich spielend in den Schatten gestellt von exotischem Obst aus aller Welt, von galizischen Meeresfrüchten oder extravaganten Insektenlutschern. Unter Barcelonas schönen Markthallen ist die Boqueria sicher die glamouröseste. Trotz ihres Ruhms und ihrer privilegierten Lage am großen Boulevard kann man dort immer noch günstig einkaufen (jenseits der Mittelallee jedenfalls). Man muß nur eine Grundregel im Kopf behalten: Finger weg von der Ware! In Katalonien sind nur die Marktfrauen selbst autorisiert, direkt Hand anzulegen. Ausnahmen werden selbstverständlich gemacht, aber der Kunde greift besser erst nach entsprechendem Blickkontakt mit der Händlerin zu.

In ihrem multikulturellen Reichtum an Obst und Gemüse ist die Boqueria gewissermaßen ein Spiegel ganz Barcelonas. Auch dort verschwinden die katalanischen Traditionsgaststätten inzwischen in einem Meer von Alternativangeboten. Einerseits gibt es ein katala-

nisch-japanisches *fusion*-Restaurant; andererseits hat
mein nächstgelegener hundertprozentiger Katalane
mittlerweile einem hundertprozentigen Japaner Platz
gemacht. Man wird nur wenige Restaurants finden, die
ihre Köche ganz streng auf den regionalen Kanon ver-
pflichten. Dazu haben sich einfach in den letzten Jahr-
zehnten die verschiedenen Landesküchen zu sehr beeinflußt. Das stört im Grunde auch niemanden. Nur in
einer Hinsicht ist den Katalanen die gegenseitige »Be-
fruchtung« doch etwas zu weit gegangen: bei den Tapas.
Die gehören nun einmal nicht zum Set katalanischer
Eßgewohnheiten, werden aber offenbar von den Touristen hartnäckig für eine gesamtspanische Institution
gehalten. Mittlerweile gibt es reichlich Tapas-Bars, die
von diesem Vorurteil leben. Den Traditionalisten und
den Erneuerern der katalanischen Küche ist das gelegentlich einen Stoßseufzer wert. Aber was soll's: Sie
müssen schließlich auch die Filialen von McDonald's,
Kentucky Fried Chicken und Starbucks ertragen.

Ungeschlagen sind die Einheimischen dagegen an der
Süßflanke. Desserts, Schokolade, Pralinen – da macht
den Katalanen, wenigstens innerhalb von Spanien, keiner was vor. Und neben den feinen Kleinigkeiten gibt es
außerdem eine Unmenge von *coques*, flachen Hefeteig-
kuchen, die zu verschiedenen Festtagen unterschiedlich
belegt oder zubereitet werden. Der katalanische Feier-
tagskalender weiß insgesamt fünfzig Anlässe mit speziel-
len Süßwaren zu verknüpfen. Dabei setzt sich der regionale Hang zum Schwein sogar bis in diese Branche fort.
Eine der *coca*-Varianten zur Sonnenwende wird mit aus-

gelassenen Speckgrieben gebacken. Wem das merkwürdig vorkommt, der sollte wissen, daß es auch eine *botifarra dolça* gibt, eine gesüßte Bratwurst mit Zucker und Zimt. Der Extremkatalane Salvador Dalí zählte zu ihren besonderen Verehrern.

Vor wenigen Jahren haben schließlich die Barceloneser Dessertkultur und die *cuina catalana contemporània* auf weltweit einzigartige Weise zusammengefunden: in Jordi Butróns Restaurant Espai Sucre, dessen Drei- und Fünf-Gänge-Menüs ausschließlich aus Nachspeisen bestehen. Kreationen wie die Melonen-Ingwer-Suppe mit Karottenröllchen und Kokosmousse oder die Vanillecreme mit Kaffeesorbet-Ziegeln und karamelisierter Banane sind nicht nur geschmacklich, sondern auch architektonisch anspruchsvolle Kompositionen.

Und wenn ich schon dabei bin, Formulierungen wie »weltweit einzigartig« zu entsichern, dann ist wohl auch der Augenblick gekommen, endlich von Ferran Adrià zu sprechen, dem *besten Koch der Welt*. Mit meinen eigenen, global gesehen sehr beschränkten kulinarischen Kenntnissen würde ich mir das Urteil selbst nicht zutrauen. Aber es gab in den letzten Jahren genügend (auch internationale) Spezialisten, die durchaus dieser Meinung waren. Also erlaube ich mir den Superlativ. Adriàs Restaurant El Bulli liegt zwar gute hundert Kilometer nördlich von Barcelona, in einer kleinen Bucht der Costa Brava. Doch Adriàs Werkstatt-Labor, El Bulli Taller, befindet sich in einem der gotischen Bürgerpaläste von Barcelonas Altstadt. Dort, zwischen Regalwänden voller exotischer Substanzen, umgeben von einer

kulinarischen Bibliothek, die auch Abteilungen zu
»Essen und Religion« oder »Essen und Erotik« besitzt,
brüten der Meister und sein Team im Winter jeweils ein
neues Dreißig-bis-vierzig-Gänge-Menü für die nächste
Saison aus.

Barcelonas Köche nennen Adrià zum Beispiel den
»Atompilz« der neuen katalanischen Küche oder ihren
»Geysir«. Seine revolutionäre Energie und Kreativität
hat sie alle ein Stück vorangebracht. Auch wenn Adriàs
Küche eher galaktisch als katalanisch ist und mit einer
Reihe von Techniken arbeitet, die keine Hausfrau im
Lande imitieren wollte. Seine »Dekonstruktionen« klassischer Gerichte oder Zutaten, seine »Schäume« und
»Lüfte«, seine Gelatinen und Eisvariationen, seine »Imi-
tationen« und »Sphären« sind eine faszinierende Welt für
sich. Wie ein *mad scientist* programmiert Adrià Farben,
Formen und Texturen von Lebensmitteln neu und jon-
gliert dabei mit den Assoziationen und Erwartungen
seiner Gäste – auf eine Weise, die womöglich mehr mit
moderner Kunst als mit klassischer Nahrungsaufnahme
zu tun hat. Tatsächlich erreichte Adrià, was zuvor noch
keinem Koch gelungen war: Er wurde als teilnehmen-
der Künstler zu einer der bedeutendsten Ausstellungen
zeitgenössischer Kunst eingeladen, zur Kasseler docu-
menta des Jahres 2007. Das Publikum im Restaurant ist
begrenzt. Nur 8000 Gedecke bietet El Bulli in jeder Saison an. Mehrere hunderttausend Anfragen pro Jahr
müssen abschlägig beschieden werden. Und selbst gute
Kollegen des Meisters können sich nicht darauf verlassen, einmal im Jahr einen Platz zu bekommen.

Bei alledem lebt Adrià nicht vom Restaurant (das deckt gerade die Kosten), sondern von diversen Berater- und Konzessionsverträgen. Da ist er ein guter katalanischer Geschäftsmann. Deshalb lächelt er selbst von einer schlichten Tüte Kartoffelchips herunter. Bei seinen Chips-Lizenz-Rezepten mit geröstetem Knoblauch oder Rosmarin werden die Kartoffeln ausschließlich in Olivenöl fritiert und schmecken – bei gleichem Preis! – tatsächlich besser als die Schnitze von der Konkurrenz. So beteiligt sich auch Adrià, ganz traditionell, am *culto al producto*.

Am Ende kurz ein Schwenk zurück zum *pa amb tomàquet*. Auch das mußte natürlich einmal zur Dekonstruktion antreten. In der Version von Ferran Adrià steht vor dem Gast ein Likörglas mit Tomatensorbet. Obenauf liegt ein winziges Ballonbrot. Dem wurde zuvor mit Hilfe einer Spritze eine Ration Olivenöl injiziert. Und über dem Einstichloch ist nun, zur Vervollständigung, ein extragroßes Salzkristall plaziert.

Mit dem Schwert und durch die Blume

Gegen Ende der achtziger Jahre stieß ich in der Hamburger Kampnagelfabrik erstmals und recht unsanft mit einem Stück katalanischer Kultur zusammen. Es handelte sich um eine Aufführung der Extremtheatergruppe *La Fura dels Baus*. Das Publikum und die Darsteller teilten sich eine leere Halle, das Stück sprang ständig von einer Ecke des Saals in eine andere, die Darsteller rasten durch den Raum, zum Teil mit aberwitzigen Schrottmaschinen, die Zuschauer mußten regelmäßig flüchten und konnten sich nirgendwo sicher fühlen. Insgesamt war es ein großartiges, beunruhigendes Rundumspektakel voller Lärm, Feuerwerk, Wasser, Dreck und rohem Fleisch. Das Stück sollte eine Parabel auf die Abgründe der Macht sein und nahm also auf Katalonien keinen direkten Bezug. Für mich war *La Fura dels Baus* ohnehin eine Truppe aus Spanien, weiter nichts.

Neulich wurde ich wieder an die damalige Inszenierung erinnert. Barcelona feierte, wie jedes Jahr, sein überbordendes Stadtfest La Mercè, benannt nach der Schutzheiligen der Ciutat Vella. Die drei Festtage Ende September sind nicht nur jedes Mal vollgestopft mit Unmengen von Open-Air-Konzerten, sondern es wird auch alles an traditioneller Kultur aufgefahren, was die Region so hergibt. Das spannendste Stück Volkskultur ist der *Correfoc*, der Feuerlauf. Das ist ein riesiger Umzug mit viel Publikum rechts und links der Route und dem Teufel in der Hauptrolle. Er tritt gleich dutzend- und aberdutzendfach auf. Denn jeder Stadtteil schickt seinen eigenen Teufelsverein auf Tour. Dessen Mitglieder tragen fast alle diabolische Kostüme zu geschwärzten Gesichtern, werden von heftigem Getrommel begleitet und haben auf ihren Forken und Stöcken Feuerwerkskörper befestigt, die erst in weitem Bogen Funken sprühen und dann mit einem infernalischen Knall explodieren. Außerdem ziehen Drachen und ähnliche Ungeheuer des Wegs, mit noch mehr Feuerkraft im Maul. Deren Steuerleute treiben die Biester durchaus mit einiger Rücksichtslosigkeit in Richtung der schaulustigen Massen. Die Zuschauer stieben immer wieder auseinander, während einige besser vorbereitete Besucher gleich mit auf die Straße gehen: In widerstandsfähigen Klamotten (und mit Kapuze!) stellen sie sich mutig den Drachen entgegen und bestehen im Funkenregen die Feuerprobe.

Zwischen zwei kleinen Fluchten fiel mir der Hamburger Abend wieder ein. Jetzt wußte ich, wovon sich

La Fura dels Baus hatten inspirieren lassen. Die Mischung aus leichter Panik und schwerer Faszination war damals die gleiche gewesen. Und bei den Höllenmaschinen der Fura sowie bei ihrem Sturm auf das Publikum war der Einfluß des klassischen *Correfoc* unverkennbar. Die Gruppe hatte einfach ein Stück Volkskultur neu angespitzt und es fit gemacht fürs internationale Avantgardetheater. Das war ein geschickter Schachzug. Und mehr als das. Im Grunde dürfte diese Aktualisierung genau dem Wunschtraum vieler katalanischer Kulturpolitiker entsprochen haben. Denn zeigt ein solches Beispiel nicht aufs beste, daß erstens Kataloniens Kultur ganz vorne mitmischen kann und daß zweitens dies nur deshalb möglich ist, weil sie dabei nie ihre regionalen Wurzeln vergißt?

So weit eine mögliche »politische« Auslegung. Sie muß mit den Absichten der Gruppe selbst gar nichts zu tun haben. Ich halte sie nur fest, weil Kataloniens Kultur eben selten dem politischen Augenmerk entkommt. Sie wird einfach, genau wie die katalanische Sprache und die katalanische Identität, regelmäßig politisiert. Solange es eine katalanische Nation gibt, die um ihr Selbstverständnis und ihre Anerkennung ringt, solange soll auch die Kultur ihren Teil beitragen, um dieses Selbstverständnis und diese Anerkennung zu befördern. Das steht so in keinem Parteiprogramm. Aber irgendwie ist es eine Art ewiger, ungeschriebener Aufruf an alle Beteiligten. Viele fühlen sich davon nicht angesprochen. Doch kaum jemand würde leugnen, daß die Kultur, wo immer es möglich ist, gern zur Stärkung des lokalen

Patriotismus herangezogen wird. Einige von Barcelonas repräsentativen Häusern tragen zudem die entsprechenden Titel: Teatre Nacional de Catalunya, Orquestra Simfònica de Barcelona i Nacional de Catalunya, Museu Nacional d'Art de Catalunya. Und diese Titel tragen sie noch keine zwanzig Jahre. Das Opernhaus Liceu kam bei der nationalen Neubenennungswelle noch einmal davon, der Tradition wegen. Aber als das spanische Kulturministerium Anfang der achtziger Jahre Eintritt ins Konsortium des Liceu begehrte, um sich dauerhaft an dessen Finanzierung beteiligen zu können, wurde ihm das verwehrt, weil dem berühmten Haus dadurch angeblich ein Verlust an *catalanitat* drohte.

Woran die *catalanitat* eines Hauses oder eines Werkes nun genau zu ersehen wäre, dafür fehlen natürlich präzise Kriterien. Doch ein Kriterium hilft schon mal: die Sprache. Was auf *català* organisiert, aufgeführt oder geschrieben wird, trägt die *catalanitat* ja bereits in sich. Aber fällt damit alles Spanischsprachige automatisch aus der katalanischen Kultur heraus? Um diese Frage wird in Barcelona gestritten, seit die Frankfurter Buchmesse die »katalanische Kultur« als offiziellen Ehrengast für das Jahr 2007 eingeladen hat. Große Freude zunächst. Bald allerdings ging das Gefeilsche darum los, wem die Einladung eigentlich gelte und wem nicht. Das Parlament verabschiedete Anfang 2005 mit breiter Mehrheit eine Entschließung, derzufolge die katalanische Sprache »unverzichtbares Wesensmerkmal« aller katalanischen Literatur sei. Das scheint auf den ersten Blick logisch. Was wird aber dann aus berühmten Autoren wie Eduardo

Mendoza oder Juan Marsé, zwei Barcelonesern, deren Romane das Selbstbild der Stadt entscheidend geprägt haben? Und Manuel Vázquez Montalbán? Nach seinem Tod 2003 führten die städtischen Bibliotheken sogar Stadtrundgänge auf den Spuren seines legendären Detektivs Pepe Carvalho ein. Kein Schriftsteller war in Barcelona so beliebt wie er; und womöglich hat niemand mehr Wahrheiten über die Stadt geschrieben. Nur tat er das, wie die meisten Autoren seiner Generation, wie Marsé und Mendoza, eben auf spanisch. Rechtfertigt das allein schon den Ausschluß aus der »katalanischen Kultur«, für die die Frankfurter Einladung gilt?

Andererseits wird auch den katalanisch schreibenden Schriftstellern übel mitgespielt. 2004 war die katalanische Kultur Ehrengast der großen Buchmesse im mexikanischen Guadalajara – und dort standen dann die spanisch schreibenden Autoren im Mittelpunkt, ihrer besseren Verkäuflichkeit wegen. So wird eine ohnehin schon randständige Literatur noch weiter an den Rand gedrängt. Trotzdem halten viele Autoren dem *català* die Treue. Das wiederum verstehen viele Spanier nicht. Sie vermuten hinter der Sprachwahl automatisch katalanistische Renitenz. Dabei liegt den entsprechenden Autoren einfach das regionale Idiom näher, schließlich sind sie Katalanen. Und das gilt natürlich selbst dann, wenn sie über ganz unkatalanische Dinge schreiben wie zum Beispiel Albert Sánchez Piñol, Kataloniens junger Bestseller. Sein Roman »La pell freda« (auf deutsch »Im Rausch der Stille«) handelt von einem Iren, einem

Österreicher und einer Horde von Ungeheuern auf einer einsamen Insel nahe der Antarktis. Von Katalanismus keine Spur. Manche Journalisten stellten dem Autor deshalb die Frage: Warum haben Sie das Buch auf katalanisch geschrieben? Sánchez Piñol pflegt darauf klugerweise zu antworten: »Sie sollten besser andere katalanische Autoren fragen, warum sie *nicht* auf katalanisch schreiben.«

Wenn hier schon von Literatur die Rede ist, darf ich eine katalanische Merkwürdigkeit nicht unerwähnt lassen. Es geht um Sant Jordi, den Tag des Heiligen Georg, Kataloniens Schutzpatron. In der aktuellen Form feiert man Sant Jordi seit 1931, als der frisch etablierte »Tag des Buches« mit dem Festtag zu Jordis Ehren fusioniert wurde. Alle Männer sind nach wie vor aufgerufen, dem Beispiel des Ritters zu folgen und einen Drachen zu töten, nein, besser gesagt: der Dame ihres Herzens eine Rose zu schenken. Die Frauen sollen sich nicht bloß artig bedanken, sondern – und jetzt kommt der Trick – dem Angebeteten ihrerseits, jawohl, ein Buch schenken. Und sie tun es wirklich, und in Massen! Die zentralen Straßen in Barcelonas Innenstadt sind zu Sant Jordi gesäumt von Büchertischen. Jeder Laden, der eine Lizenz zum Buchhandel hat, karrt die gedruckte Ware auf den Bürgersteig. Dazwischen stehen Händler mit Kübeln voller Rosen, von denen jede ein kleines Schleifchen mit der katalanischen Flagge um den Stengel gebunden hat. Allein an diesem Tag, dem 23. April, werden in Katalonien etwa eineinhalb Millionen Bücher verkauft. Sant Jordi ist ein großes Fest der Literatur, kitschig zwar, aber zugleich phantastisch, selbst wenn der meistverkaufte Titel 2005 womöglich ein Sexratgeber für Jugendliche war.

Dabei feiert der Katalanismus immer fröhlich mit. An zahlreichen Tapeziertischen fordern diverse Initiativen Unabhängigkeit von Spanien, die endgültige Hegemonie des *català* auf katalanischer Erde oder gleich die Vereinigung der *Països Catalans* (zu den »Katalanischen Ländern« gehören neben Katalonien noch die Balearen, die Region Valencia sowie ein Stück Südfrankreich). Flankierend werden die entsprechenden Anstecker, Aufkleber, T-Shirts und Broschüren angeboten. Die Georgslegende gilt nämlich als ewige Metapher für die Region. Die Stadt, die vom Drachen ausgeblutet wird, das ist Katalonien im Würgegriff der spanischen Großmacht. Nur fehlt im wahren Leben bisher der legendäre Retter mit dem Schwert. Dafür fehlt es in Barcelona nicht an Sant-Jordi-Statuen. Er ist eben ein heißgeliebter Lokalheld. Josep Puig i Cadafalch, einer der berühmtesten Architekten des *Modernisme*, hat viele seiner Bauten mit Figuren des Heiligen verziert; der Sant Jordi an der Casa de les Punxes trägt sogar den Schriftzug: »Schutzheiliger Kataloniens, gib uns die Freiheit zurück!«

Diese extreme Form märchenhafter Heimatliebe verdankt sich vor allem einer kulturellen Bewegung des 19. Jahrhunderts, der sogenannten *Renaixença*. Dabei ging es, nach langer Fernsteuerung aus Madrid (seit dem berühmten 11. September 1714), um eine erste große Renaissance der katalanischen Kultur. Allerorten wurde ein goldenes Mittelalter beschworen, die Schönheit des Vaterlandes, die Süße der Muttersprache, die Welt der Ahnen mit ihren tiefempfundenen Werten. Es wurde sogar ein mittelalterlicher Poesie-Wettbewerb neu belebt, die Jocs Florals, bei denen der siegreiche Barde einst zum Lohn eine Blume erhalten hatte. Das blieb auch in der Barceloneser Neuauflage so. Nur dienten die Dichter diesmal nicht nur der holden Minne, sondern zugleich einer höheren patriotischen Sendung. An der *Renaixença* richtete sich langsam auch der moderne katalanische Nationalismus auf. Und in dessen Kielwasser entstanden zwei Massenorganisationen, die noch heute, trotz Nachwuchssorgen, über eine breite Basis verfügen: die Cors de Clavé, ein Netz von populären Chören, und das Centre Excursionista de Catalunya. Die Chöre probten heimisches Liedgut, die Exkursionisten schwärmten aus, um die vielbesungene Heimat wahrhaftig unter dem Stiefel zu spüren. Bald gewannen noch weitere Spielarten der Volkskultur an Zulauf. Insbesondere die *castells*, menschliche Pyramiden mit bis zu acht Stockwerken, und der Volkstanz *sardana* zählen nach wie vor zum Kernbestand katalanistischer Folklore. Ihr patriotischer Mehrwert verdankt sich unter anderem den Jahren des Franco-Regimes. Innerhalb der folkloristischen Zirkel war es nämlich erlaubt, katalanisch zu sprechen. Kein Wunder also, daß die Volkskultur im Herzen vieler Barceloneser so fest verankert ist.

Dummerweise führte das in der Nach-Franco-Zeit zu einem nationalistischen Kurzschluß: katalanische Kultur gleich volkstümliche Kultur. Und im Grunde ist diese Orientierung noch immer nicht aufgegeben. Kataloniens Kulturradio etwa berichtet eher über Wettbewerbe von *castellers* oder über eine neue Initiative zur notwendigen Katalanisierung der Stimmungsmusik auf Volksfesten, als sich über kulturelle Tendenzen jenseits der regionalen Grenzen Gedanken zu machen. Aufregend ist es dagegen, wenn Ausländer der heimischen Kultur huldigen. Als Bruce Springsteen auf seinem letzten Konzert im nahen Badalona einen einzigen Satz auf *català* herausbrachte, da wurde der betreffende Soundfetzen anschließend einen ganzen Tag lang in den Barceloneser Nachrichten wiederholt.

Manche Sparten haben es naturgemäß schwerer mit der *catalanitat* als andere. Ein heikler Fall ist das Kino, denn das kostet eine Stange Geld, und dieses Geld läßt sich nicht einfach so auf regionalem Territorium wieder einspielen. Deshalb werden Filme aus Barcelona eher auf spanisch gedreht, mit ein paar Alibiszenen auf *català*. Das macht sie noch nicht unglaubwürdig, schließlich wird in der Stadt ja genug Spanisch gesprochen. Nur wurmt es natürlich die örtlichen Filmförderer. Die ziehen dann gerne über das Madrider Publikum her, das einfach kein Katalanisch im Kino ertragen wolle. Vielleicht stimmt das sogar. Allerdings richtete sich der Widerstand dann eher gegen die Untertitel als gegen das Idiom. Denn die Spanier sind Synchronfassungen gewohnt. Den Madridern deswegen Vorhaltungen zu machen steht den Katalanen wiederum nicht an. Die sind nämlich keinen Deut besser. Statt im Geiste der Mehrsprachigkeit auf die katalanische Untertitelung ausländischer Filme zu setzen, fordern sie staatliches Geld für mehr katalanische Synchronisationen. Dieser Aufwand lohnt bisher glücklicherweise nur für Blockbuster à la »Harry Potter«; das übrige Programm läuft weiterhin in spanischer Fassung. (Fairerweise muß man aber sagen, daß Barcelona über eine stolze Zahl von Originalfassungskinos verfügt – Hamburg und München müßten dafür wahrscheinlich zusammenlegen.)

Zuletzt noch eine kleine Originalfassungs-Anekdote. Sie stammt vom Barceloneser Regisseur Jaime Rosales. Für die Dreharbeiten seines ersten Spielfilms erhielt er 2001 regionale Fördergelder. Damit war er verpflichtet, die katalanische Originalfassung seines Films in einem katalanischen Kino uraufzuführen. Nur drehte er »Las horas del día« (Die Stunden des Tages) dann trotzdem auf spanisch, denn das war nun einmal seine Umgangssprache. Am Ende fertigte er zusätzlich eine katalanische Synchronisation an. Und die erklärte er kurzerhand zur Originalfassung. Sie lief, den Statuten gemäß, eine Woche lang in einem Barceloneser Kino und wurde anschließend aus dem Verkehr gezogen. Die spanische Version dagegen überlebte.

Die Feuerrose

Wie Sie sehen, sehen Sie nichts, lautet ein deutscher Spruch. Er fiel mir wieder ein, als ich im Herbst 2004 auf einer Art alternativer Stadtrundfahrt durch Barcelona unterwegs war. Sie dauerte vier Stunden. Der Bus steuerte eine Menge Stationen an. Es wurde viel erzählt. Nur gab es fast nichts zu sehen. Und darauf hatten es die Veranstalter gerade abgesehen. Sie fuhren einem Phantom von früher hinterher, das offenbar so gut wie keine Spuren hinterlassen hatte.

Die Geisterbeschwörung war eine Idee der Künstlergruppe »Taktischer Tourismus«. Ich befand mich auf der »Route des Anarchismus«. Die Tour wurde nur eine Saison lang regelmäßig angeboten. Dann war das Geld alle. Ohne Subventionen ließ sich die Rundfahrt nicht aufrechterhalten, der laufenden Kosten wegen. Und man könne doch schlecht, sagten die Initiatoren, für eine

Route des Anarchismus zwanzig Euro pro Karte verlangen. Da hatten sie wohl recht.

Die letzte Station der Tour führte hinauf zum Friedhof des Montjuïc. Dort liegen nebeneinander die Grabplatten dreier anarchistischer Helden: Buenaventura Durruti, Francisco Ascaso und Francesc Ferrer i Guardia. Durruti fiel im Bürgerkrieg, Ascaso im Straßenkampf, Ferrer wurde hingerichtet. In den Gräbern fehlt die Asche, man weiß nicht, wo sie sich befindet. Auf Durrutis Stein steht der Satz: »Wir tragen eine neue Welt in unseren Herzen.« Diese neue, herrschaftslose Welt ohne Staatsgewalt und Privatkapital hat es nie bis in die Wirklichkeit geschafft. Aber nirgendwo auf der Welt sind die Anarchisten, mit Herzblut und Waffengewalt, ihrem Traum nähergekommen als in Barcelona. Dafür haben sie sich dieses Kapitel verdient.

Ihre Sternstunde erlebten sie 1936, bei Ausbruch des Spanischen Bürgerkriegs. In der Nacht zum 19. Juli waren in vielen Teilen des Landes Francos Generäle mit ihren Truppen zum Staatsstreich ausgerückt. In Barcelona stießen sie vor allem auf den erbitterten Widerstand der anarchistischen Arbeiterschaft. Binnen eines Tages wurden die Putschisten zurückgeschlagen. Dann lag die Stadt in den Händen ihrer glühendsten Verteidiger. Es gab zwar noch eine gewählte Regionalregierung in Katalonien. Aber faktisch wurde Barcelona nun von den Anarchisten und ihrer Gewerkschaft CNT (Confederación Nacional de Trabajo) kontrolliert. Es begann »der kurze Sommer der Anarchie«.

Dieser Ausdruck stammt von Hans Magnus Enzensberger. Es ist der Titel eines leicht melancholischen Montageromans aus Zeitzeugenberichten, den Enzensberger in den siebziger Jahren veröffentlicht hat. Er galt der anarchistischen Lichtgestalt Buenaventura Durruti, einem der selbst- und furchtlosesten Kämpfer. Durruti starb bereits im November 1936 an der Front, als Führer seiner eigenen Kolonne. Das Begräbnis in Barcelona brachte Hunderttausende auf die Beine. Die Via Laietana wurde anschließend in Via Durruti umbenannt – und so hieß sie bis zu Francos Einmarsch 1939.

In den dreißiger Jahren konnte der Anarchismus in Barcelona allerdings schon auf eine bewegte Geschichte zurückblicken. Sie hatte offiziell 1869 mit der Ankunft des Italieners Giuseppe Fanelli begonnen. Fanelli war von der Internationalen Arbeiterassoziation entsandt worden, um Bakunins Lehre unter die Spanier zu bringen. Er sprach zwar gar kein Spanisch, agitierte aber derart leidenschaftlich, daß seine Lehre von den Arbeitern in kürzester Zeit aufgegriffen wurde. Sie fiel allerdings auch auf fruchtbaren Boden. Viele Arbeiter waren eingespielt. Seit 1835 hatte es bereits mehrfach Aufstände gegeben, diverse Brandschatzungen von Kirchenbesitz und auch schon einen ersten Generalstreik. Denn die Arbeitsbedingungen in Kataloniens blühender Textilindustrie waren so rücksichtslos ausbeuterisch, daß jedes Ventil genutzt wurde und jeder Traum vom Umsturz gerechtfertigt erschien. Kataloniens Unternehmer verteidigten zur gleichen Zeit noch die Sklaverei in den letzten spanischen Kolonien. Das läßt auf den Umgang mit den eigenen Arbeitern schließen.

Gegen Ende des 19. Jahrhunderts war nicht nur der *Modernisme* groß in Mode, sondern auch der Anarchismus – natürlich an unterschiedlichen Enden der Klassengesellschaft. Friedrich Engels hatte Barcelona inzwischen zur Welthauptstadt des Barrikadenbaus erklärt. Und bald gewann die Stadt einen weiteren Beinamen, »La Rosa de Foc«, die Feuerrose, der anarchistischen Bombenattentate wegen. Der spektakulärste Anschlag traf Ende 1893 das Opernhaus Liceu, den Luxustempel des Großbürgertums. Der junge Anarchist Santiago Salvador warf zwei Bomben vom obersten Rang hinab. Die erste tötete 22 Menschen und verletzte weitere dreißig. Die zweite fiel auf einen der Toten, landete deshalb weich und explodierte nicht. Sie ist heute im Museum für Stadtgeschichte ausgestellt.

Der nächste Großanschlag galt einer Osterprozession. Die Bombe tötete zwölf Menschen, alles Arbeiter, und war wahrscheinlich von der Geheimpolizei gelegt. Denn im Anschluß wurde die Stadt brutal von Anarchisten und anderen Kirchenfeinden gesäubert. Viele wurden gefoltert, um vermeintliche Geständnisse zu erpressen. Manche starben unter der Folter, andere starben durch den Henker, und weitere 61 wurden auf eine berüchtigte Gefängnisinsel verschifft. Bakunins »Propaganda der Tat« hatte sich vorerst erledigt.

Im 20. Jahrhundert gingen die Anarchisten klüger vor. Sie gründeten 1910 die Gewerkschaft CNT. Bereits acht Jahre später waren achtzig Prozent der katalanischen Arbeiter dem revolutionären Verband beigetreten. Bis zum Bürgerkrieg blieb die CNT eine einmalig schlagkräftige und im übrigen völlig unbürokratische Vereinigung: In den dreißiger Jahren leisteten sich die eine Million Mitglieder genau einen bezahlten Funktionär.

Und plötzlich, am 19. Juli 1936, provoziert von Francos Truppen, gehörte den Anarchisten die Macht in der Stadt. Was fingen sie damit an? Lluis Companys, Kataloniens gewählter Regierungschef, bat die anarchistischen Führer zu sich und sagte unter anderem: »Ihr habt gewonnen. Alles liegt in eurer Hand. Wenn ihr mich als Präsidenten von Katalonien nicht mehr braucht oder wenn ihr mich nicht haben wollt, dann sagt es jetzt.« Doch statt dessen gründeten die Anarchisten mit Vertretern anderer Parteien das »Zentralkomitee der Antifaschistischen Milizen«, damit die Ordnung in der Stadt wiederhergestellt werden konnte, und ließen die Regierung im Amt. Am 21. Juli beschloß ein Plenum der anarchistischen Bezirkskomitees einstimmig, die Frage des »freien Kommunismus« bis zum Sieg über die Faschisten zu vertagen. Kurz darauf zog Durruti an die Front.

Ganz grob gesagt: Die Anarchisten haben nie wirklich die Macht ergriffen, sondern ihr eher weiterhin entgegenträumt. Sie hatten reichlich revolutionären Willen, aber keinen ausreichenden revolutionären Plan. Durrutis langjähriger Mitstreiter Juan García Oliver wurde zum Chef der Milizen ernannt. Er sagte in einem Interview: »Wenn ich den Anarchismus in einem Satz zusammenfassen sollte, würde ich sagen: Er verkörpert das Ideal, dem Menschen das Böse auszutreiben.« Tatsächlich müssen viele der damaligen Kämpfer erstaunliche Mischungen aus Entschlossenheit und Idealismus gewesen sein. Die ewige Knechtschaft hatte sie hart gemacht – und weich zugleich. Sie drohten mit Erschießungen und glaubten dabei ernsthaft ans friedlich-befreit-solidarische Miteinander der gutwilligen Massen.

Diesem Ideal sind sie im halben Jahr ihrer regionalen »Herrschaft« nicht sehr nahe gerückt. Wie auch, in Kriegszeiten? Trotzdem machte Barcelona damals einen überwältigenden Eindruck auf all jene, deren Sympathie bei den befreiten Arbeitern lag. Viele Berichte von Zeitzeugen klingen elektrisiert, euphorisiert, durchdrungen von der aufregend neuen Atmosphäre. Auf den Straßen flanierten die Arbeiter, viele mit geschulterten Gewehren, und genossen die eigene Stadt auf bisher unerhörte Weise. Es gibt ein berühmtes Foto aus jenen Tagen, von Robert Capa, dem Magnum-Fotografen. Es zeigt ein Paar in Arbeitsuniform lächelnd auf Caféhausstühlen in der Sonne lehnen, zwischen sich einen Karabiner. Darin sind Freiheit, Glück und Stolz der siegreichen Klasse phantastisch konzentriert. Betriebe wurden kollektiviert, einen Moment lang schien alles möglich. Das Hotel Ritz an der Gran Vía wurde zum Gastronomischen Hotel Nr. 1 umgewidmet, sein Restaurant zu einer Art Volksküche. In der Lobby hing ein riesiges Lenin-Plakat, wenige Schritte weiter war die Warnung angeschlagen, daß jeder Raub von Mobiliar mit harter revolutionärer Disziplin bestraft würde.

Solche Warnungen waren nötig. Denn im Schatten des Machtwechsels war es zu zahlreichen Plünderungen und willkürlichen Erschießungen gekommen. Im Hausblatt »Solidaridad Obrera« stellte die CNT schon am 30. Juli klar: »Wir sind Gegner jeder Gewalt- und Willkürherrschaft. Jedes Blutvergießen, das nicht von der Entschlossenheit des Volkes herrührt, sich Gerechtigkeit zu verschaffen, finden wir abstoßend. Wir erklären jedoch kalten Blutes, in schrecklicher Heiterkeit und unbeugsam entschlossen, das zu tun, was wir hier ankündigen: Wenn die unverantwortlichen Handlungen nicht aufhören, die ganz Barcelona in Schrecken versetzen, werden wir *jeden ohne Ausnahme niederschießen*, von dem erwiesen ist, daß er Verbrechen gegen die Menschlichkeit begangen hat.«

Die Euphorie verflog schnell. Nur Neuankömmlinge waren noch länger dafür empfänglich, wie George Orwell, der im Dezember 1936 nach Barcelona reiste, um in die Miliz der trotzkistischen POUM einzutreten. Der Brite war spontan begeistert von der klassenlosen Gesellschaft. Er ging drei Monate an die Front und bemerkte dann bei der Rückkehr: »Die Atmosphäre der Revolution war verschwunden.« Die Anarchisten ließen sich wenig später entmachten. Die von Moskau gesteuerten Kommunisten der PSUC wurden stärker. Sie lehnten die Revolution ab und wollten, Seite an Seite mit dem Bürgertum, nur den Krieg gewinnen. 1939 marschierte Franco ein. Der Anarchismus war als Massenbewegung erledigt. Er operierte weiter im Untergrund, auf zum Teil heroische Weise. Aber nach knapp vierzig Jahren Diktatur hatte er seine Basis verloren. Barcelonas Arbeiter wollten nun keine Revolution mehr, sondern ein Auto, ein Eigenheim, etwas mehr Lohn. Der glorreiche Moment, in dem eine gewaltige Utopie in der Stadt Fuß zu fassen schien, gehörte nach Francos Tod einer Vorgeschichte an, die man lieber vergaß.

Die »Route des Anarchismus« des Jahres 2004 fuhr einem Gespenst nach, einem Stück verschütteter Vergangenheit, von dem keine Denkmäler geblieben sind. Nur leere Gräber, Einschußlöcher, eine einsame Plakette an einer Hauswand. Dabei kann dieser Versuch, sich die Geschichte zu vergegenwärtigen, zu einer merkwürdigen Form von Phantomschmerz führen. Im Rückblick kommt unwillkürlich Bedauern auf, der vielen vergeblichen Kämpfe und der ganzen verlorenen Illusionen wegen. Heute, inmitten eines ungemütlich sich globalisierenden Kapitalismus, gedenkt man eher der großartig egalitären Phantasien des Anarchismus als seines oft weltfremden Abenteurertums. Die Anarchisten, einmal Opfer und Täter zugleich, sind jetzt nur noch Opfer.

Der Tourbus hielt auch im von Gaudí entworfenen Parc Güell. Dort fanden im Juli 1977 die Jornades Llibertàries statt, eine Art letztes anarchistisches Massenevent. Hier verbrüderten sich das neue Hippietum und der alte Kampfgeist. Ein Hauch von Woodstock lag in der Luft. Es gab viele Konzerte und noch mehr Debatten, über »Sexologie« zum Beispiel und mit Daniel Cohn-Bendit. Später beklagte sich mancher reife Genosse über die ungewohnte Zügellosigkeit der Jugend: Deren *superextravagancias* hätten nichts mit revolutionärer Moral zu tun. Binnen Jahresfrist lag der aufgefrischte anarchistische Elan erneut am Boden. In der Zeitschrift »Ajoblanco«, dem Zentralorgan der libertären Szene, war 1978 ein Rückblick auf das Vorjahresfestival mit dem Zitat eines Kämpfers von 1937 überschrieben: »Wieviel Zeit ist seit dem Juli vergangen? Im Kalender meines Herzens sind es zwei Jahrhunderte.«

Solche sentimentalen Bilanzen liegen heute neben flammenden Aufrufen aus anderer Zeit in staubigen Stapeln auf den Regalbrettern des Ateneu Enciclopèdic Popular. Das Ateneu, 1902 gegründet, war einmal als Arbeiter-Abendschule gedacht. Die anarchistische Bewegung betrieb bis zum Bürgerkrieg viele derartige Volksbildungszentren. Das Ateneu konnte 1980 wieder aufmachen und hat bis heute als Dokumentationszentrum überlebt, mehr schlecht als recht. Sechs Stunden in der Woche ist es geöffnet, alle Arbeit wird ehrenamtlich erledigt. Ich habe mich hier einmal mit dem ergrauten Aktivisten Manuel Aisa unterhalten, der neben dem Ateneu auch seinen eigenen Lebensmut zusammenzuhalten versucht. Er dachte gerne an die ersten Jahre nach Francos Tod zurück, als auf den Ramblas jeden Tag eine Demo stattfand und Opernbesucher vor dem Liceu Eier- und Tomatenbewürfe fürchten mußten. Danach begann die Depression. Während Manuel Aisa auf verschiedene Dinge im Andenkenregal des Ateneu zeigte, mußte er mehrfach seufzen. Ich sah das Ladenschild einer »volkseigenen Bartscheererei« von 1936; eine Bombe aus der Schlacht am Ebro zwei Jahre später; ein CNT-Plakat für die Jugend mit dem Slogan: »Lies anarchistische Bücher – und du wirst ein Mann sein!«

Auch die anarchistische Gewerkschaft CNT gibt es noch immer. Sogar doppelt – geteilt in zwei verfeindete Lager. In der Straße Joaquín Costa, einer der schmalen Gassen des Raval, betreibt sie einen Buchladen. Dahinter liegt ein Versammlungsraum für die letzten Versprengten und ihre gelegentlichen Infoabende. Auch dort bin ich gewesen, um mich nach dem momentanen Befinden des Anarchismus zu erkundigen. Es war eine bewegende, aber auch etwas bittere Begegnung. Mir saßen zwei alte Männer gegenüber, die umstandslos eingestanden, daß der gewerkschaftliche Kampf gescheitert sei. »Die sozialen Elemente für eine Massenbewegung sind weiterhin vorhanden«, sagte der eine, »aber uns fehlt bisher die richtige Strategie für die Mobilisierung.« Unter den jungen Globalisierungsgegnern finden die alten Anarchisten Alliierte, doch deren Initiativen wirken ihnen zu zerstreut und ungeordnet. »Trotzdem bin ich optimistisch«, sagte der andere. »Viele unserer Träume sind doch schon Wirklichkeit geworden. Es gibt heute gemischte Schulen ohne kirchlichen Einfluß. Die Frauen haben ihre Gleichberechtigung erstritten. Und denken Sie an unsere Ideen von freier Liebe. Mit manchem ist die Welt weiter, als wir es uns damals träumen ließen.«

Große Taten, große Worte

Es ist noch nicht lange her, da ging von Barcelona eine große Weltverbesserung aus. 141 Tage lang, im Rahmen einer einzigartigen, noch nie dagewesenen Veranstaltung planetarischen Anspruchs. Ich spreche vom Fòrum Universal de les Cultures, einem gigantischen Viereinhalb-Monate-Festival auf einem eigens zurechtbetonierten Dreißig-Hektar-Gelände und mit einem nicht enden wollenden Reigen verschiedenster Aktivitäten um die drei zentralen Monsterthemen »Frieden, Nachhaltigkeit, kulturelle Vielfalt« herum. Sie haben wahrscheinlich von diesem Ereignis, das laut Slogan »die Welt bewegen« sollte, gar nichts mitbekommen. Da geht es Ihnen wie fast jedem Erdenbürger außerhalb Spaniens. Die internationale Breitenwirkung des Events blieb aus, obwohl die katalanischen Organisatoren unbedingt in globalem Maßstab gedacht hatten. Das Forum ist nämlich als Mammutveranstaltung zum Weiterreichen konzipiert und wandert nun tatsächlich – zunächst ins mexikanische Monterrey, später nach Asien – alle drei bis vier Jahre woanders hin. Eine »Expo der Werte« hatte sie der Generaldirektor Jordi Oliveras vollmundig genannt. Man hätte auch Olympiade des Gutmenschentums dazu sagen können. Damit wären jedenfalls die beiden Referenzereignisse genannt: Expo und Olympia, Weltausstellung und Weltfestspiele. Barcelona wollte – wieder einmal – in dieser Liga mitmischen. Und weil das auf absehbare Zeit nicht drin war, erfand man sich eben mit unverschämtem Selbstvertrauen ein eigenes Mega-Event.

Ich bin dabeigewesen – und könnte immer noch den Kopf schütteln über das ganze gutgemeinte Brimborium zwischen Dauerkongreß und Dauerjahrmarkt, die vielen warmen Worte, die viele heiße Luft. Aber als man das multikulturelle Langzeitfeuerwerk im September 2004 endlich komplett abgefackelt hatte, da war doch auch einiges übriggeblieben: Barcelona besaß plötzlich eines der größten europäischen Kongreßzentren und einen neuen Yachthafen, hatte eine heruntergekommene Strandzone gehörig aufgemöbelt und zwei Wahrzeichen hinzugewonnen – ein riesiges Sonnenenergiesegel und ein spektakuläres dreieckiges Gebäude der Schweizer Stararchitekten Herzog & de Meuron. Vielleicht wäre diese städtebauliche Anstrengung ohne das ganze Aufgepluster wegen des Forums gar nicht zu stemmen gewesen. Vielleicht war aber das Forum sowieso nur ein Vorwand, um im Zuge einer großen

Mobilmachung alles nötige Geld aus der Madrider Staatskasse und von Dutzenden Sponsoren loseisen zu können – zur Pflege der Stadt und als Kick für ihr Selbstbewußtsein. Und so gesehen hätten sich womöglich alle Pauken und Trompeten doch gelohnt.

Einem weitverbreiteten Glauben zufolge braucht Barcelona Großereignisse für den Sprung nach vorn. Nur so kann die Stadt angeblich immer wieder einen entscheidenden Schritt weiterkommen: indem sie sich zuviel zumutet und die Prüfung dann doch besteht. Es werden in diesem Zusammenhang immer drei Wendepunkte beschworen: die Weltausstellung 1888, die Weltausstellung 1929 und die Olympischen Spiele 1992, drei Kraftakte, die tatsächlich eine gewaltige Nachwirkung hatten und deren Hinterlassenschaft noch immer unübersehbar ist. Die große Kolumbusstatue am Ende der Ramblas etwa gehörte zu den gefeierten Monumenten von 1888. Daß der ausgestreckte Zeigefinger des Entdeckers eher in Richtung Nahost zeigt als gen Kolumbien, hat zweierlei Grund. Von Barcelona aus gesehen liegt das Meer nun einmal im Osten; im Westen dagegen liegt zunächst Kastilien, und dessen Herrscher hatten die Katalanen vom Handel mit Amerika jahrhundertelang so gut wie ausgeschlossen. Eigentlich erstaunlich, daß man »Colom«, wie Kolumbus auf *català* heißt, überhaupt mit einem Denkmal ehrte. Doch seinerzeit glaubte man, wenigstens in Barcelona, daß der Genueser Entdecker in Wirklichkeit ein Katalane war.

Das beeindruckendste Bauwerk, das sich Barcelona für seine erste Weltausstellung leistete, war vielleicht das

Hotel Internacional am frisch verbreiterten Passeig Colom. So recht läßt sich das heute allerdings nicht mehr beurteilen, denn das enorme, frühmodernistische Haus mit 1600 Zimmern wurde gleich nach der Expo wieder abgerissen. Damals gab es einfach noch zuwenig Fremdenverkehr für ein Hotel dieser Ausmaße.

Die 1888er Show fand im Parc de la Ciutadella statt. Für die 1929er Ausgabe wurden große Teile des Montjuïc umgemodelt. Auch diesmal gab es einen Monumentalbau mit eingebautem Verfallsdatum: den Palau Nacional, einen manieristischen Protzklotz ersten Ranges. Nur brachte es diesmal niemand über sich, dem Palast auch wirklich die Abrißbirne zu geben. Und so thront er heute noch, in all seiner fragwürdigen Pracht, hoch oben auf dem Berg und beherbergt inzwischen das Museu Nacional d'Art de Catalunya. Der Blick aus dem Museumsrestaurant ist phantastisch. Aber der riesige kitschige Kuppelsaal im Innern sollte vielleicht doch besser als Eislaufbahn dienen oder für gepflegte Gladiatorenkämpfe. Es ist verrückt, daß der Palau überlebte, während das wahrhaft moderne Gebäude von 1929, Mies van der Rohes deutscher Pavillon, geschleift wurde (erst Mitte der achtziger Jahre ließ man ihn rekonstruieren). Und noch ein Kuriosum hat durchgehalten, eine Bergflanke weiter: das Poble Espanyol, ein künstliches kleines Dorf für Touristen, in dem alle spanischen Architekturstile dicht zusammengedrängt sind. Auch das ist natürlich konzentrierter Kitsch, aber zugleich ist es ein beeindruckender Cocktail. In diesem Fall bin ich einmal versucht, völlig ohne Ironie zu sagen: ganz allerliebst!

Was von den Olympischen Spielen 1992 geblieben ist, möchte ich nicht im einzelnen aufzählen. Es wurde viel getan, klar. Aber vielleicht war etwas anderes noch wichtiger. Aus Anlaß der Olympiade gelang Barcelona ein Freudenfest der Selbstvermarktung, wie es vorher kaum vorstellbar gewesen war. Seitdem ist die Stadt in der Hitparade der *Hip Cities* notiert, seitdem strömen die Touristen. Doch auch die Bürger fühlten sich angesprochen und sahen die Stadt auf einmal mit neuen Augen. Barcelonas Selbstbewußtsein machte in der Tat einen ordentlichen Satz nach vorn. Fünfzehn Jahre nach Francos Tod, nach der Zeit des großen Freiheitstaumels, brachte die Olympiade eine Art zweite Euphorie mit sich. Zwischendurch hatte die Stadt eine erste Depression erwischt. Jetzt frischte die Stimmung wieder auf. Barcelona stand im Scheinwerferlicht, Barcelona krempelte die Ärmel hoch, Barcelona machte sich schön. Und die Strategen im Rathaus schienen zu begreifen, wozu Imagepolitik in der Lage war.

Mittlerweile hat die städtische Public-Relations-Arbeit wahrhaft erstaunliche Ausmaße angenommen. Zahlreiche Veröffentlichungen stimulieren den Stolz der Barceloneser; zahlreiche Kampagnen reden ihnen ins mitbürgerliche Gewissen. Die zwei Seiten der Botschaft lauten in etwa: Eure Stadt ist super – seid so super wie eure Stadt! Die Bandbreite an aufwendigen Werken der Autopromotion ist beeindruckend. Es gibt bei weitem nicht nur den klassischen Bildband »Barcelona« – der ja vor allem den Durchreisenden dient. Darüber hinaus zeigt zum Beispiel »Barcelona 365«, wie bunt und bewegt in der Stadt ein ganzes Jahr vergeht; »Barcelona 24 h« zeigt, wie bunt und bewegt ein ganzer Tag vergeht; »Barcelona colors« zeigt, unter Zuhilfenahme der Pantone-Farbpalette, wie bunt die Stadt überhaupt ist; »Barcelona diversa« zeigt, wie unterschiedlich die Menschen in der Stadt sind; »Barcelonins« zeigt das gleiche noch einmal, aber nun in Schwarzweiß; »Barcelona silencis« zeigt, wie still und verlassen die Stadt auch einmal sein kann; »Barcelona comunica« zeigt, wie die Stadt von 2000 bis 2003 für sich selbst geworben hat. Und das ist nur ein kleiner Ausschnitt aus der kommunalen Veröffentlichungsliste.

Ein weiterer interessanter und sicherlich hochgradig unverkäuflicher Band heißt »Barcelona, per servir-vos« (Barcelona, zu Diensten) und bildet die fleißigen Mitarbeiter des öffentlichen Dienstes bei ihrer verantwortungsvollen Arbeit ab. Man sieht fröhliche Klempner in der Kanalisation, Beamte, die dynamisch auf den Computerbildschirm blicken oder Aktenordner bewegen, städtische Bestatter beim Abschleifen von Särgen, Abschleppdienstleister beim Wegkarren falsch geparkter Autos, schließlich auch den Bürgermeister, Erster unter Gleichen, im Sitzungssaal. Er schreibt in einem Grußwort an die Seinen: »Ich ermutige Sie, so weiterzumachen wie bisher, damit unser gemeinsames Projekt Stadt Wirklichkeit wird.«

Man weiß ja, wie Werbung funktioniert, und läßt sich deshalb nicht gleich alles andrehen. Aber irgendwie wird man doch weichgekocht. Nachdem ich ein paar dieser sehr ansprechenden Bildbände durchgeblättert hatte, wollte ich auch unbedingt an das »gemeinsame Projekt« Barcelona glauben, an dem alle Einwohner tagtäglich mit vereintem Willen arbeiten. Ich fühlte mich als Teil einer großen, gutwilligen Gemeinschaft und war bereit, mit meinen Nachbarn, und auch mit dem Bürgermeister, am gleichen Strang zu ziehen. Ich fühlte mich als Mitbürger geschätzt und schien unverzichtbar für die Seele der Stadt. Und das war durchaus ein gutes Gefühl.

In Barcelona spielen Stadtteil-Initiativen und Nachbarschaftsvereine eine große Rolle. Sie haben mit ihren Kämpfen zur Erosion des Franco-Staats beigetragen und später den demokratischen Umbau entscheidend geprägt. Noch immer fällt es ihnen leicht, die örtliche Klientel zu mobilisieren. Alle naselang sieht man irgendwo in konzertierter Aktion Transparente von den Balkonen hängen. Es geht gegen nächtlichen Lärm, gegen die künftige Streckenführung des Schnellzugs, gegen die Wohnungsspekulation, gegen die Verkehrsberuhigung eines Viertels. Nicht jede Kampagne kann man nachvollziehen, aber der verbreitete Aktivismus zeigt doch, daß Mitbürger sich in Barcelona oft zusammentun und gemeinsame Sache machen.

Diesen traditionellen Teamgeist scheinen die städtischen Strategen beerben zu wollen. Er soll zu einem zentralen Element von Barcelonas Corporate Identity werden. Jedenfalls appellieren die kommunalen Kampagnen im Grunde an genau denselben Bürgersinn, den die engagierten Initiativen und Vereine beständig an den Tag legen. Nur klingt mancher gutgemeinte Ratschlag aus dem Mund der Stadtverwaltung natürlich immer etwas strenger und leicht väterlich im Abgang. Ich erinnere mich an eine Kampagne für neue Bänke im öffentlichen Raum. Die waren aufgestellt worden, es hatte Unmut gegeben, und nun schickte man Anzeigen und Plakate zur Sensibilisierung hinterher. Darauf hieß es: »Früher hast du dich auf eine Bank gesetzt und angefangen, mit dem Nachbarn zu plaudern. Bei den neuen Bänken machst du's genauso, nur kannst du deinem Nachbarn jetzt sogar ins Gesicht sehen. Also, wo ist das Problem mit den Einzelbänken? – Anfangs fällt es uns oft nicht leicht, innovative Ideen anzunehmen. Aber durch sie wird Barcelona zu einer immer lebenswerteren Stadt.«

Für diese Art sanfter Einrede steht offenbar reichlich Geld zur Verfügung. Denn irgendeine Kampagne läuft immer. Macht bitte nicht soviel Lärm mit dem Motorroller! Steckt bitte den Müll immer in die richtige Tonne! Parkt bitte nicht auf dem Bürgersteig! Zwischen zwei Sensibilisierungswellen werden auch einfach mal Plakate rausgehängt, auf denen neben dem städtischen Logo nur ein Wort prangt: *civisme!*, Bürgersinn. Denn eigentlich ist damit ja alles gesagt. In einer der bizarrsten Kampagnen versuchte eine Wiesenblume monatelang, einen Haufen Hundekot zur Vernunft zu bringen. Der recht unappetitliche Haufen wurde auf städtischen Bussen spazierengefahren, in monströsem Format. Er war auf einem Stück Rasen abgebildet, daneben neigte sich ihm das Blümchen mit der Sprechblase zu: »Was macht eine Kacke wie du an einem Ort wie diesem?« Das Blümchen sprach eine deutliche Sprache.

Manchmal weiß ich nicht recht, ob ich all die netten, im Grunde ja kameradschaftlichen Appelle aus dem Rathaus eher für das neueste und gestylteste Gesicht des Barceloneser *bonisme* halten soll oder eher für ein souverän orchestriertes Langzeitprojekt zum Aufbau eines echten Bürgerbewußtseins. Es gibt allerdings Leute, denen geht die Politik der sanften Hand eindeutig zu weit beziehungsweise nicht weit genug. Im Regionalteil von »El País« regte sich im Herbst 2005 ein Kolumnist über das *modelo ciudadano,* das Bürgermodell der Stadt, auf: »Wenn gewisse Verkehrsteilnehmer aus rein sadistischer Freude die Nacht volldröhnen, dann werden nicht etwa Strafzettel ausgestellt und Wagen einkassiert, sondern es wird ein Fernsehspot geschaltet; und wenn Nachtschwärmer auf die Straße pinkeln, werden sie weder bestraft noch werden Klokabinen aufgestellt, sondern es werden Aufkleber verteilt. Statt auf Autorität setzt man auf Werbung.« Nachdem es zu viele Klagen dieser Art gegeben hatte, wurde zum Jahresende 2005 schließlich ein Maßnahmenbündel zur »Förderung und Sicherung des mitbürgerlichen Zusammenlebens im öffentlichen Raum« verabschiedet. Diese Verordnung machte es möglich, härter gegen die Straßenprostitution, gegen Straßenpinkler und Hütchenspieler vorzugehen, regelt aber auch den Alkoholkonsum jugendlicher Cliquen, die sich nachts auf städtischen Plätzen oft zum ungezwungenen Abhängen zusammenfinden oder gibt Anweisungen zur korrekten Nutzung kommunalen Mobiliars. Mitunter wirkt das kleine *law-and-order*-Paket wie die Überreaktion eines beleidigten Herbergsvaters, der seine Schäfchen nun mit harter Hand zurück auf den Pfad des Gemeinsinns zwingen will. Die Polizei darf jetzt in zum Teil bizarrer Weise durchgreifen (auch wenn sie das längst nicht immer tut). Anfang 2007 wurde eine junge Frau sogar zu 180 Euro Geldbuße verurteilt, nur weil sie mit ihren Schuhen auf einer Parkbank gesessen und nach polizeilicher Mahnung nicht schnell genug die Position gewechselt hatte.

Barcelona hat es weit gebracht. Das mag am guten Fundament aus sturem katalanischen Aufbauwillen liegen. Aber es liegt auch an einigen großen Ereignissen und an vielen großen Worten. Die Stadt hat sich mit dem Forum ihre eigenen Weltfestspiele des Gutmenschentums zugemutet. Und sie scheint ihren Einwohnern insgesamt einen gewaltigen Lernwillen zu unterstellen. Dieses allseitige Zutrauen ist natürlich furchtbar naiv. Aber es ist zugleich eine wunderbare Voraussetzung, um wirklich noch mal einen Schritt vorwärts zu kommen. In welche Richtung? Ich weiß es nicht. Ich stelle mir vor, daß der Bürgermeister davon träumt, aus seinen Barcelonesern eine Art Indianerstamm zu machen, einen verschworenen, stolzen Haufen, dessen Mitglieder einander achten und in Frieden und Freiheit die multikulturelle Blutsbrüderschaft pflegen. Dann stelle ich mir vor, daß er daran wohl selbst nicht glauben kann.

Und dann stelle ich mir vor, daß es trotzdem klappt.

Bereits erschienen:
Gebrauchsanweisung für …

01/0002/05/L

01/0002/05/R

Paul Ingendaay
Gebrauchsanweisung für Spanien

191 Seiten. Gebunden

Spanien steckt voller Geheimnisse. Wie, beispielsweise,
kommt es zur anhaltenden Liebe der Spanierinnen zum
Hausmantel aus Polyester? Warum ist es in Spanien so
laut? Und was nur, was macht die geliebte escapada, die
Flucht ins Wochenendhaus auf dem Lande, für die Spanier
so reizvoll? Spanien muß man erklären – und Paul
Ingendaay tut das auf ebenso kenntnisreiche wie amüsante
Weise. Dabei erzählt er vom Fußball und von Cervantes,
von silbernen Löffeln und deutschen Kolonien, vom
Baskenland, Sex und dem traditionellen Stierkampf. Am
Ende wird eines ganz klar sein: Spanien ist mehr als nur
Küste.

01/1059/02/R

PIPER

Ronald Reng
Gebrauchsanweisung für London

199 Seiten. Gebunden

Es gibt keine bessere Stadt. Zugegeben, auch andere Städte
haben ihre Reize, aber London hat alles und von allem im
Überfluß: Einwohner, die die Höflichkeit zum höchsten Gut
erhoben haben, Parks, die größer sind als deutsche Klein-
städte, das Zafferano's, ein besseres italienisches Restaurant,
als es halb Italien hat. Die Tate Modern. Einwohner, die
sich selbst am wenigsten ernst nehmen. All das hält London in
Bewegung, und kein Verb beschreibt es besser: Die Stadt,
sie schwingt! Eine Stadt, deren Schönheit im Alltag liegt, im
Miteinander der Menschen. Von ihnen erzählt Ronald
Reng. Von ihrem Takt, ihrer Höflichkeit, ihrer gleichgültigen
Toleranz, von ihrem Hang zum Extremen. Und nebenbei
erfahren wir eine Menge über London, über seine Museen,
seine U-Bahn, die Presse und die Kunst, den Fußball und,
natürlich, das Leben in den Pubs.

01/1402/01/R